Rasche und sichere Menschenkenntnis

Dr. Hans Endres

RASCHE UND SICHERE MENSCHENKENNTNIS

Ulrich-Verlag KG — 8360 Deggendorf

ISBN 3–88572–011--6

Inhaltsverzeichnis

Seite

Vorwort

Als Psychologe komme ich täglich mit Menschen aller Schichten zusammen, die Rat und Hilfe in ihren Lebensschwierigkeiten suchen oder es im Leben weiterbringen wollen. Ich weiß daher, wie dringend das Bedürfnis nach kurzgefaßten und allgemeinverständlichen Darstellungen dessen ist, was Forschung und Erfahrung zur besseren Bewältigung der Aufgaben des Daseins beitragen können.

In Anbetracht dieses dringenden Bedürfnisses habe ich mich an das fast unmöglich scheinende Unternehmen gewagt, ein so weitverzweigtes und teilweise sogar noch umstrittenes Gebiet wie die Menschenkunde (die ja Typologie, Charakterorlogie, Phrenologie, Physiognomik, Verhaltens-, Gestalt-, Bewußtseins- und Tiefenpsychologie umfaßt und eng verknüpft ist sowohl mit den „Schulwissenschaften" Psychiatrie, Physiologie, Biologie, Graphologie und Soziologie als auch mit den „Grenzwissenschaften" Symbolkunde, Numerologie, Astrologie und Chirologie) derart zu verdichten und zu vereinfachen (konzentrieren und reduzieren heißt es wissenschaftlich), daß einerseits jedermann praktisch etwas damit anfangen kann und daß andererseits doch auch die ganze Weite und Tiefe dieses unerschöpflichen Themas spürbar bleibt.

Dem sachkundigen Leser sei gesagt, daß ich nicht nur die im Literaturverzeichnis genannten Quellenwerke studiert habe (aus praktischen Gründen wurde darauf verzichtet, im Text nochmals ausdrücklich auf die benützten Quellen hinzuweisen), sondern vor allem auch selbst seit Jahrzehnten Menschenkunde praktisch betreibe und lehre, so daß mir die ganze Problematik dieses schwierigen Erkenntnisbereiches wohlbekannt ist.

Dennoch - oder gerade deswegen - habe ich mir die Aufgabe gestellt, den Stoff so unproblematisch wie möglich, ganz auf die Brauchbarkeit für die unmittelbare Lebenspraxis ausgerichtet, zu behandeln. Darum mußte manches so sehr vereinfacht werden, daß sich einem „zünftigen" Wissenschaftler darob vielleicht „die Haare sträuben" werden. Und um der Deutlichkeit und Einprägsamkeit willen wurde oft eine sehr drastische Darstellungsweise gebraucht, über die manche „seriöse" Leser vielleicht den Kopf schütteln mögen. Die tatsächliche praktische Brauchbarkeit dieses Buches wird aber gerade der von keinerlei theoretischen Vorkenntnissen belastete Leser am besten beurteilen können, wenn er versucht, das Gesagte im Alltag anzuwenden, um dadurch sich und anderen das Leben zu erleichtern.

Niedererbach, im Juli 1979
Dr. habil. Hans Endres

I. Grundsätzliche Besinnung über Theorie und Praxis der Menschenkenntnis (5 Grundgesetze)

Lieber Leser, Sie wollen also die Kunst der Menschenkenntnis erlernen - oh, Verzeihung: Ihre selbstverständlich schon vorhandene Menschenkenntnis noch verbessern. Beginnen wir gleich mit einer „dummen Frage“: Warum bemühen wir uns überhaupt um Menschenkenntnis, warum kann uns das nicht ganz gleichgültig sein, wie die anderen sind und sich äußern?

Nun, weil wir in vielfacher Weise *aufeinander angewiesen* sind, weil jeder von uns zu seinen Mitmenschen in *verschiedenartigen Beziehungen* steht. Als Vorgesetzter oder Untergebener, Geschäftsmann oder Kunde, Lehrender oder Lernender, Helfender oder Hilfesuchender, Dienste Beanspruchender oder Dienste Leistender, Familienangehöriger und Staatsbürger, Vereinsmitglied und Angehöriger irgendwelcher Glaubens-, Weltanschauungs- oder Interessengemeinschaften: Stets haben wir mit Mitmenschen zu tun und sind mehr oder weniger voneinander abhängig. Darum also sind wir alle gleichermaßen daran interessiert, möglichst gut und reibungslos miteinander auszukommen.

Warum gelingt aber gerade dies trotzdem so selten? Weil es offenbar ziemlich schwierig ist. Und worin besteht denn die Hauptschwierigkeit? In der *Verschiedenartigkeit der Menschen.* Wie oft machen wir die betrübliche Erfahrung, daß wir unsererseits alles getan zu haben meinen, um mit den anderen gut auszukommen, - und daß wir dann schwer enttäuscht sind, weil die anderen uns total mißverstanden und unsere guten Absichten, wie wir meinen, sogar böswillig mißdeutet haben. Den anderen aber geht es genauso: Sie sind wiederum von uns enttäuscht, weil wir nicht so sind, wie sie uns gerne sehen würden, oder weil wir uns nicht so verhalten, wie sie es von uns erwarten.

Dieses dauernde gegenseitige Mißverstehen und voneinander Enttäuschtsein ist also der Hauptgrund für unser Bemühen um bessere Menschenkenntnis. Denn wenn wir den Ausdruck „Enttäuschung“ einmal ganz wörtlich nehmen, so sind wir doch zuerst aus mangelnder Menschenkenntnis einer Täuschung unterlegen und dann, nachdem wir den betreffenden Menschen näher kennengelernt haben, ent-täuscht, d. h. von dieser Täuschung befreit worden. In diesem Sinne ist also jede Ent-Täuschung eigentlich etwas sehr Positives, denn wir lernen dadurch, immer klarer und wahrer zu sehen.

Weil also alle Verständigungsschwierigkeiten letztlich in der Verschiedenheit der Menschen begründet sind, müssen wir weiter fragen, worin eigentlich diese Verschiedenheit besteht. Zunächst offensichtlich im Aussehen. Das allein wäre ja nicht so schlimm, doch spiegelt das Aussehen die innere Wirklichkeit, die Form zeigt den Inhalt, die Schale ist vom Kern geprägt.

Nur weil die Menschen nicht nur äußerlich, sondern auch innerlich verschieden sind, ist es für sie so schwer, sich gegenseitig richtig zu verstehen. Es ist ja tatsächlich oft so, als ob man ganz verschiedene Sprachen spräche, obwohl man doch deutlich miteinander redet, oder als ob man gar von ganz verschiedenen Sternen stammte, obwohl wir doch alle Kinder dieser Erde sind. Das kommt daher, daß verschiedene Menschen mit demselben Wort oft etwas ganz Verschiedenes meinen, geradezu entgegengesetzte Begriffe und Vorstellungen mit demselben Ausdruck verbinden, und daß ihre Veranlagung und Herkunft, Ausbildung und Lebenssituation so grundverschieden sein können, als ob sie in der Tat in ganz verschiedenen Welten lebten.

Ja eigentlich ist sogar jeder Mensch vom anderen verschieden, so daß es keine zwei Menschen auf der Welt gibt, die sich genau gleich sind (auch eineiige Zwillinge sind nur sehr ähnlich, aber keineswegs gleich). Wie oft müssen wir daher gerade bei den uns liebsten und nächsten Menschen die schmerzliche Erfahrung machen: Wir glauben, sie doch wirklich gut zu kennen, und trotzdem bleibt stets ein unergründlicher Rest, kommt es immer wieder zu völlig unerwarteten und unverständlichen Reaktionen, steht man manchmal fassungslos vor der plötzlich auftretenden Wesensverschiedenheit, die um so leidvoller wirkt, je mehr man sich liebt und ganz ineinander aufgehen möchte.

Das eben bedeutet die *Individualität,* d. h. wörtlich die Unteilbarkeit und zugleich Nicht-Mitteilbarkeit des innersten Wesens eines jeden Menschen, daß er darin absolut einmalig und einzigartig ist. Darauf beruht einerseits der unersetzliche Wert der Persönlichkeit, andererseits aber auch die bedrükkende Einsamkeit des Einzelnen - und das daraus entspringende Streben nach beglückender Gemeinsamkeit, die Sehnsucht nach Aufhebung dieser Vereinzelung in liebender Vereinigung.

Richtig verstandene Menschenkenntnis wird also diese Individualität als das wesentlichste Kennzeichen des Menschseins niemals zu verwischen suchen, sie vielmehr voll und ganz anerkennen und den Wesenskern der Persönlichkeit als ein unantastbares Mysterium achten.

Um so besser kann dann aber gerade von diesem Standpunkt aus die den Kern umschließende Schale erkannt, d. h. das allen Menschen oder einzelnen Menschengruppen *Gemeinsame,* also die *Ähnlichkeit* der Menschen in vielfachen Beziehungen festgestellt werden.

Dabei ist als *erstes Grundgesetz der Menschenkenntnis* zu beachten:

> Je oberflächlicher und nebensächlicher ein Merkmal ist, desto allgemeiner ist seine Verbreitung. Je wesensgemäßer und bezeichnender für die Individualität ein Merkmal ist, desto weniger darin ähnliche Menschen wird man finden.

Zwei Arme und Beine und die Nase mitten im Gesicht haben *alle* normalen Menschen - blonde Haare oder handwerkliche Begabung haben *viele* Menschen - ein zum Verwechseln ähnliches Äußeres oder die gleiche innere Einstellung haben nur *wenige* Menschen - und Menschen mit identischen Fingerabdrücken oder gleichem Charakter gibt es *gar keine*.

Darum werden Gestalt und Haltung, Gesichtszüge und Gebärden, Augen und Hände, Begabungen und Gewohnheiten von Menschen um so differenzierter und charakteristischer (d.h. eben kennzeichnend für die Verschiedenartigkeit ihres Charakters), je genauer man sie beobachtet.

Die *richtige Methode der Menschenkenntnis* ist demnach:

> Man schreitet stets vom Allgemeinen zum Besonderen, von der leicht erkennbaren Oberfläche zur immer schwieriger werdenden Erkenntnis des Wesentlichen fort.

Infolgedessen werden zunächst auf Grund der *äußeren Ähnlichkeit* von Menschen *Ähnlichkeitsgruppen* zusammengestellt, die man *Typen* nennt. Dabei kann man sowohl vom *Aussehen,* vom *Erscheinungsbild,* von der *Konstitution* ausgehen, als auch vom *Verhalten,* von der *Lebensweise,* von der *Aktivität.* Dementsprechend unterscheidet man *Konstitutionstypen* und *Aktionstypen.*

Aber wodurch ist es überhaupt möglich, am Aussehen eines Menschen sein Inneres, an seinem Verhalten seinen Charakter erkennen zu können? Nun, weil eben *alles,* was ein Mensch tut, *Ausdruck* seines Wesens ist, und weil ebenso seine gesamte Gestalt und sämtliche Körperfunktionen (Gang, Haltung, Bewegungen, Körper- und Gesichtsproportionen, Hände, Stimme, Augen) das Innere, Seelische zum Ausdruck bringen.

Darum lautet das *zweite Grundgesetz der Menschenkenntnis:*

> Es gibt nichts Äußeres, das nicht durch ein Inneres geprägt ist, und es gibt nichts Inneres, das sich nicht auch äußerlich auswirkt.

Aber wie können wir dieses Gesetz praktisch anwenden? Wie finden wir Zugang zu dieser Wechselwirkung von innen und außen? Durch eine *Grundveranlagung,* die wiederum jeder Mensch in mehr oder weniger ausgeprägtem Maße besitzt: die Fähigkeit der *Deutung,* die uns das Innere offenbart, indem wir seinen Ausdruck zunächst ganz unwillkürlich unterbewußt verstehen und dann willentlich immer bewußter erkennen können.

Alles Ausgedrückte ist also deutbar - und dieses angeborene Deutungsvermögen muß nur konsequent entwickelt und immer deutlicher bewußt gemacht werden. Dabei gibt es zwei Hauptmittel der Deutung:

Das *erste Deutungsmittel* ist die *Einfühlung,* d.h. die unmittelbare Kontaktwirkung mit dem noch undifferenzierten gesamten Ausdrucksfeld der menschlichen Persönlichkeit. Das ist der gefühlsmäßig unterbewußt aufgenommene *Gesamteindruck,* der sich uns unwillkürlich einprägt, wenn wir einen anderen Menschen zu Gesicht bekommen, ja sogar, wenn wir (etwa am Telefon) nur seine Stimme hören.

Dieser direkte „Spürsinn" für menschliche Qualität ist bekanntlich bei kleinen Kindern besonders ausgeprägt: Einerseits reagieren sie ganz unbeeinflußt vom äußeren Gehabe, von der freundlichen „Maske" oder sogar von mitgebrachten Geschenken auf einen Menschen „sauer", indem sie sich entweder scheu zurückziehen oder (wenn man sie etwa zum Dableiben zwingt) sich „unmöglich" benehmen. Andererseits gibt es Menschen, denen wiederum völlig unabhängig von ihrem Aussehen oder Verhalten wildfremde Kinder auf der Straße zulaufen, ohne daß irgendein „vernünftiger" Anlaß dafür besteht.

Je älter und „klüger" wir aber werden, je mehr wir uns also vom unreflektierten impulsiven Reagieren entfernen und uns bemühen, nur noch klar bewußten Überlegungen und sorgfältig erwogenen Entschlüssen zu folgen, desto mehr verlernen bzw. überdecken wir die natürliche Fähigkeit der unmittelbaren Einfühlung.

Dann müssen wir vom *zweiten Deutungsmittel* Gebrauch machen, von der gesammelten *Erfahrung.* Diese gewinnen wir durch bewußt verstandesmäßig wahrgenommene *Beobachtung* möglichst vieler *Einzelmerkmale* und die daraus logisch erkennbare *Ordnung* des regelmäßig Wiederkehrenden und deutlich Feststellbaren. Dieser Vorgang ist zwar sehr viel umständlicher und langsamer als die unmittelbare Einfühlung, hat dafür aber den Vorteil, klar begründbar und darum auch verständlich mitteilbar zu sein (was beides bei der unterbewußten Einfühlung nicht der Fall ist). Indem so zum emotionalen Verstehen das rationale Erkennen hinzukommt, können wir über den noch ungegliederten und unbestimmten Gesamteindruck hinaus zur Einsicht in den folgerichtig geordneten und gesetzmäßig bestimmten *Gesamtzusammenhang* gelangen.

Die Grundvoraussetzung einer solchen klar bewußten Erkenntnis der Wesensart anderer Menschen ist allerdings eine mindestens ebenso gründliche und umfassende *Selbsterkenntnis!*

Denn solange man sich selbst nicht möglichst genau kennt, kann man die anderen ja gar nicht so sehen, wie sie wirklich sind, weil man unwillkürlich die eigenen Fehler und Wunschbilder auf sie überträgt (in der Psychologie nennt man das „Projektion"). Wenn wir eben eine „schwarze Brille" tragen, ohne uns dessen bewußt zu sein, werden wir alle Menschen nicht nur schwarz sehen, sondern auch für wirklich „schwarz" halten. Wenn wir aber diesen Fehler der „Schwarzseherei" bei uns erkannt haben, können wir ihn bewußt korrigieren, indem wir nun wissen, daß die Menschen in Wirklichkeit doch nicht so „schwarz" sind, wie wir sie sehen.

Wenn wir umgekehrt uns selbst dessen bewußt sind, daß wir z.B. im Zustand der Verliebtheit eine „rosarote" Brille tragen, dann wissen wir gleichzeitig, daß die Wirklichkeit keineswegs so rosig ist. Wir können also im ersten Falle die Unterschätzung und im zweiten Falle die Überschätzung unserer Mitmenschen vermeiden.

Oder wenn wir wissen, daß jeder Mensch unwillkürlich dazu neigt, „von sich auf andere zu schließen", dann müssen wir eben zuerst die eigenen Fehler kennen, um besonders vorsichtig sein zu können, wenn wir gerade diese Fehler bei anderen zu entdecken meinen. Und ebenso müssen wir auch die eigenen Stärken und Tugenden kennen, um zu wissen, daß wir diese nicht ohne weiteres bei anderen voraussetzen dürfen.

Oder wir sind etwa sehr von Stimmungen abhängig. Dann müssen wir unsere „kritischen Tage" genauso gut kennen wie die Tage der „Hochstimmung", um uns vor krassen Fehldeutungen zu bewahren, denn im ersten Falle neigen wir zum Verkennen der Wirklichkeit in negativer Richtung (pessimistische Unterbewertung), im zweiten Falle zu nicht minder gefährlichen Illusionen in positiver Richtung (optimistische Überbewertung).

Schließlich müssen wir auch auf der Hut sein, wenn wir wissen, daß wir leicht beeinflußbar sind, denn sich durch Kritik und lähmende Befürchtungen abschrecken zu lassen ist genauso verkehrt, wie durch Schmeichelei und kühne Behauptungen „eingewickelt" zu werden.

Vor all diesen Fehlerquellen bewahrt uns also ehrliche Selbsterkenntnis. Sie ist eben nicht nur „der erste Schritt zur Besserung", sondern auch der erste Schritt zur treffsicherer Menschenkenntnis . Doch bekanntlich fällt uns dieser Schritt nicht leicht, und Selbsterkenntnis ist auch keineswegs immer erfreulich und angenehm. Darum ist sie auch nicht sehr beliebt und wird entsprechend selten mit der nötigen Gründlichkeit und Konsequenz betrieben. In dieser Beziehung reagieren auch wir Erwachsene meist sehr kindlich: Was wir nicht mögen, davor drücken wir uns, auch wenn wir durchaus eingesehen haben, wie notwendig es eigentlich ist. Trotzdem werden wir einmal in den sauren Apfel beißen müssen, denn alles in der Welt hat seinen Preis, und billiger ist sichere Menschenkenntnis eben nicht zu haben.

Doch seien Sie getrost, lieber Leser, es gibt zwei unfehlbar wirkende Rezepte zur Unterstützung der Selbsterkenntnis:

Das *erste Rezept* besteht in der Umkehr der üblichen Reaktion, die Fehler anderer mit dem Vergrößerungsglas anzusehen und bei den eigenen beide Augen zu schließen (die alte Sache also mit dem „Splitter im Auge des Nächsten“ und dem „Balken im eigenen Auge“). Versuchen wir also einmal umgekehrt, die unerfreulichen Seiten anderer nicht so wichtig zu nehmen, dafür aber uns selbst genauso kritisch, unnachsichtig und scharf beurteilend gegenüberzutreten wie einem fremden Menschen, dann wird unsere Selbsterkenntnis ungeahnte Fortschritte machen.

Das *zweite Rezept* besteht darin, das Verhältnis zu unserer Umgebung stets als Spiegel des eigenen Verhaltens zu sehen. Wir fragen also bei jedem vermeintlichen Unrecht, das uns angetan wird, nicht mehr so sehr nach dem Ungenügen oder Verschulden der anderen als vielmehr nach den in unserem eigenen Verhalten begründeten Ursachen für das negative Verhalten der anderen. Denn die Fehler der anderen können wir ja doch nicht ändern, mit diesen müssen sie selber fertigwerden. Wohl aber können wir unsere eigenen Fehler ändern, wenn wir sie richtig erkannt haben bzw. wenn sie uns durch die Reaktion der anderen deutlich gemacht wurden.

Die Selbsterkenntnis führt dann zur *Selbstüberwindung,* denn ein allzu selbstbezogener, nur mit der eigenen werten Person beschäftigter Mensch wird ebensowenig ein guter Menschenkenner wie einer, der von sich selbst keine Ahnung hat. Wenn wir den anderen von vorneherein nur unsere eigenen Vorurteile und Erwartungen, Befürchtungen und Wünsche entgegenbringen, werden wir sie nie so erkennen, wie sie wirklich sind, sondern immer nur uns selbst in ihnen spiegeln.

Erst wenn es uns gelungen ist, möglichst von uns selbst abzusehen und nur die anderen auf uns wirken zu lassen, uns ganz auf sie einzustellen und uns gewissermaßen leer zu machen wie ein aufnahmebereites Gefäß, - erst dann werden wir das wahre Wesen der anderen in uns nachempfinden können. Erst eine solche *Wesensbegegnung* aber bedeutet echtes Verständnis und rechte Erkenntnis.

Bemühen wir uns also ständig, nicht nur von Vorurteilen frei zu werden, sondern auch keinerlei Erwartungen mehr zu hegen, denn solange wir vom anderen etwas erwarten, wollen wir ihn eigentlich gar nicht richtig erkennen, sondern nur abschätzen, ob er vielleicht Geld hat, uns etwas abkaufen wird, eine Gefälligkeit erweisen kann oder in sonstiger Weise unseren Zwecken dienlich ist bzw. unsere Wünsche erfüllt. Auf solche Weise werden wir aber höchstens einzelne Wesenszüge feststellen - und diese noch nicht einmal richtig, weil unter einem einseitigen Gesichtspunkt -, niemals aber den ganzen Menschen wesentlich erkennen können.

Es ist daher sicherlich kein Zufall, daß gerade diejenigen Berufe, bei denen gute Menschenkenntnis besonders wichtig ist - Seelsorger, Arzt, Psychologe, Lehrer, Richter, aber auch Verkäufer, Kellner, Portier, Steward -, zugleich zu diesem Absehen von sich selbst und Eingehen auf die anderen erziehen, weil eben der Hauptinhalt dieser Berufe die Dienstleistung ist. Ob das nun Dienst am Kunden oder Dienst an der Seele ist: Auf jeden Fall ist es immer *Dienst am Menschen.* Darum sind auch innerhalb dieser Berufe diejenigen die besten Menschenkenner, die ihre eigene Person und ihre egoistischen Interessen am meisten hintanstellen und am uneigennützigsten vom Ethos ihres Berufes erfüllt sind.

Wir haben festgestellt, daß das Wesen eines Menschen sich in seinem Erscheinungsbild offenbart, daß sein Inneres in Gestalt, Bewegungen und Proportionen seinen Ausdruck findet und daß man den Menschen erkennen kann, indem man diesen Ausdruck deutet. Das Deuten durch unmittelbare Einfühlung kann nicht näher beschrieben werden, da es sich dabei - wie bereits erläutert - um einen weitgehend unterbewußten Vorgang handelt, der rational nicht mitteilbar ist.

Das Deuten durch bewußte *Erfahrung* muß dagegen noch etwas eingehender beschrieben werden. Da es sich dabei - wie wir ebenfalls schon festgestellt haben - um das Zusammentragen möglichst vieler bezeichnender Einzelheiten handelt, ist *genaue Beobachtung* das wichtigste Erfordernis dieser Methode. Man muß ja die Einzelheiten überhaupt erst richtig sehen lernen, ehe man sie zu einem Gesamtbild zusammentragen kann. Und daß das gar nicht so einfach ist, weiß jeder, der es schon versucht hat.

Es zeigt sich nämlich zunächst eine solch verwirrende Fülle von ineinander übergehenden und sich vielleicht sogar gegenseitig widersprechenden Merkmalen, daß man tatsächlich „vor lauter Bäumen den Wald nicht sieht". Deswegen ist *sorgfältige Unterscheidung* (d.h. Zusammengehöriges einander zuordnen und Nicht-Zusammengehöriges voneinander trennen) das Nächstnotwendige, um aus einem verschwommenen, undifferenzierten Gebilde eine wohl gegliederte und klar überschaubare Gestalt zu schaffen.

Erst wenn dieses Unterscheiden (die Wissenschaft nennt es „Analyse" wirklich beherrscht wird, kommt das noch Schwierigere, nämlich die gewonnenen Teile wieder zu einem Ganzen zusammenzubringen. Denn dabei kann man nicht einfach die Einzelteile aneinanderfügen und zusammenzählen, wie man aus lauter einzelnen Schrauben, Rädern und Hebeln eine Maschine zusammenbauen, auseinandernehmen und wieder zusammensetzen kann. Im Bereich des Lebendigen geht das nicht, weil da das Grundgesetz gilt: *„Das Ganze ist mehr als die Summe seiner Teile"*. Das bedeutet, ein lebender Organismus besteht zwar auch aus Einzelteilen, er ist aber nicht daraus zusammengesetzt, sondern hat sie alle in sich zu etwas ganz Neuem, durch und durch Einheitlichem und Zusammenhängendem verschmolzen. Man kann ihn daher auch nicht mehr auseinandernehmen bzw. in Einzelteile zerlegen, ohne ihn zu zerstören.

Um daher die menschliche Gestalt in ihrem Sinngehalt zu erkennen, muß man sie *zwar gliedern, darf sie aber nicht zergliedern, muß sie zwar einteilen, darf sie aber nicht zerteilen.* D.h. man darf beim Unterscheiden niemals den Gesamtzusammenhang der Einzelheiten außer acht lassen und muß in jedem Teil immer auch das Ganze sehen.

Dieses *Zusammenschauen* - nicht Zusammenzählen! - der Einzelbeobachtungen zum umfassenden und einheitlichen Gesamtbild (die Wissenschaft nennt es *„Synthese")* ist also das

Allerwichtigste, denn nur dadurch ist es möglich, in der Erscheinung das Wesen zu erkennen, d.h. in den Auswirkungen und Folgen die bewirkenden Ursachen zu finden.

Darum lautet das *dritte Grundgesetz der Menschenkenntnis:*

> Jedes Einzelmerkmal ist wichtig, aber kein Merkmal allein ist entscheidend.

Das bedeutet praktisch: Einerseits muß man lernen, immer mehr Einzelmerkmale zu sehen und sie immer besser unterscheiden zu können, also immer genauer zu beobachten. Andererseits aber muß man dabei immer sorgsamer darauf achten, daß man nicht einzelne, besonders auffallende Merkmale überbewertet bzw. sich dadurch allzusehr beeinflussen läßt, so daß man andere, mindestens ebenso wichtige, aber nicht so leicht zu entdeckende oder schwerer zu deutende Merkmale übersieht oder verkennt.

Insbesondere bei einander widersprechenden Merkmalen - was in der Praxis die Regel ist, da es kaum ganz einheitliche, unkomplizierte Menschen gibt -, ist die Gefahr der Über- oder Unterbewertung einzelner Merkmale, und damit der Fehldeutung des Gesamtbildes, sehr groß.

Richtige Bewertungsmaßstäbe ermöglicht das *vierte Grundgesetz der Menschenkenntnis,* das mit dem ersten übereinstimmt:

> Je auffallender, eindeutiger und leichter erkennbar ein Merkmal erscheint, desto nebensächlicher und weniger charakteristisch ist es im allgemeinen. Je unauffälliger, vieldeutiger und schwerer erkennbar es erscheint, desto wichtiger und charakteristischer ist es meistens.

Darum ist eben gute Menschenkenntnis auf Grund der äußeren Beobachtung so schwierig, daß man darin nie ausgelernt hat und auch der Fachmann nie mit hundertprozentiger Sicherheit urteilen kann. Doch das eine steht fest: Wenn der Augenschein trügt und das Äußere eines Menschen nicht seinem Inneren zu entsprechen scheint, dann ist nicht etwa das Gesetz der vollkommenen Entsprechung von innen und außen (wissenschaftlich „psycho-physische Identität“) durchbrochen, sondern es ist eben unsere Beobachtung noch nicht sorgfältig genug und der Zusammenhang der Merkmale noch nicht vollständig genug, um eine einwandfreie Deutung zu gewährleisten.

Wir fassen daher die bisherigen Feststellungen im *fünften Grundgesetz der Menschenkenntnis* zusammen:

> Größte Sorgfalt beim Beobachten, aber allergrößte Vorsicht beim Beurteilen!

Der gute Menschenkenner wird niemals vorschnell urteilen, sondern zuerst alle beobachteten Einzelmerkmale genau *registrieren,* dann miteinander *vergleichen* und ihren Bedeutungsgehalt gegeneinander *abwägen.* Dann wird er immer noch *abwarten* und mit dem Gesamturteil *zurückhalten,* um in nochmaliger sorgfältiger *Überprüfung* das Gesicherte zu *bestätigen* und Zweifelhaftes zu *korrigieren,* bis schließlich ein folgerichtig gegliedertes, *einheitliches und widerspruchsfreies Gesamtbild* gewonnen werden kann. Doch erst wenn es gelungen ist, dieses auch noch eindeutig und unmißverständlich zu *formulieren,* darf man den ganzen Vorgang als abgeschlossen betrachten.

Die Gründlichkeit und Vollständigkeit dieses Beobachtungsvorgangs ist nicht etwa von der Zeit abhängig, die man dafür aufwendet. Es kann jemand die Menschen sehr lange betrachten und sehr zögernd urteilen und dennoch völlig danebengreifen. Umgekehrt kann jemand ein sehr rasches und sicheres Urteil fällen, weil er eben durch Befähigung und Übung imstande ist, den beschriebenen Funktionsablauf ebenso schnell wie vollständig zu vollziehen.

Eines aber ist dabei unbedingt notwendig:

> Gesammelte Aufmerksamkeit in größtmöglicher Seelenruhe und unbestechlicher Neutralität.

Wenn wir also aufgeregt, unruhig und nervös sind, wenn wir entweder von eigenen Sorgen, Wünschen und Gedanken oder von äußeren Umständen uns ablenken lassen, wenn wir gar in irgendeiner Weise voreingenommen und innerlich festgelegt sind, - dann kann die oben beschriebene, immerhin den ganzen Menschen beanspruchende Beurteilung niemals gültig gelingen. Dann nützen auch noch so gute Befähigung und noch so umfangreiche theoretische Kenntnisse nichts: In der Praxis scheitern wir an uns selbst.

Darum kommt zu den bereits besprochenen Notwendigkeiten der Selbsterkenntnis und der Selbstüberwindung noch eine dritte hinzu: *strikte Selbstdisziplin.*

Wer sich gehenläßt und nicht selbst fest in die Hand nehmen kann, der mag sonst alle Vorbedingungen für gute Menschenkenntnis erfüllen, - er wird trotzdem ein schlechter Menschenkenner bleiben, weil er eben immer sich selbst im Wege steht und daher statt der Wesensbegegnung mit dem anderen nur der eigenen Problematik begegnet, mit der er nicht fertig wird.

Zur treffsicheren Menschenbeurteilung gehört eben nicht nur viel Übung und ständige Erweiterung des Erfahrungsbereiches, sondern vor allem auch *menschliche Reife* und *ständige Arbeit an sich selbst.*

Zum Schluß kommen wir wieder auf den Anfang zurück: Wir haben gesehen, daß das ursprüngliche bzw. angeborene Deutungsmittel des Ausdrucks die unterbewußte Einfühlung ist. Wir haben weiter gesehen, warum es nicht dabei bleiben kann und die bewußte Erfahrung hinzuerworben werden muß. Nun aber, nachdem wir diesen Erfahrungsweg in allen Einzelheiten kennengelernt haben und zu Ende gegangen sind, merken wir, daß uns der letzte und wichtigste Punkt, gewissermaßen der Schlußstein des Torbogens, noch fehlt.

Wir erinnern uns an das, was über die Wichtigkeit der *Zusammenschau* der Beobachtungsergebnisse und der Verschmelzung aller Einzelelemente zu einer neuen, in sich geschlossenen *Ganzheit* gesagt wurde. Und wir stellen fest: Immer wenn wir tatsächlich an diesem Punkt angelangt sind, reicht noch so genaue Beobachtung und noch so vielfältige Erfahrung nicht mehr aus. Es wird eine zusätzliche Leistung von uns verlangt, die wir immer wieder neu erbringen müssen. Sie kann ebensowenig erzwungen wie durch irgend etwas anderes ersetzt werden, und es kann uns auch niemand dabei helfen. Es ist wie beim Photographieren: Wir können nur die bestmöglichen Vorbedingungen dafür schaffen, im richtigen Moment und in der richtigen Weise knipsen, - und dann warten, was daraus geworden ist. Genauso vollzieht sich jene letzte entscheidende Leistung, die man *Intuition* nennt: Wir können die körperlichen, seelischen und geistigen Voraussetzungen für die Intuition herstellen, sie aber nicht willentlich herbeiführen, sondern nur ebenso ruhig wie aufmerksam warten, bis sie in uns geschieht.

Ohne Intuition bleibt alles bisher Beschriebene Stückwerk und Stümperei, denn „hast Du die Teile in der Hand, fehlt leider Dir das geistige Band“ (Goethe): Ohne diese nicht weiter ableitbare, sondern jeweils unmittelbar aufblitzende und einleuchtende Idee der geistigen Ganzheit des Geschauten werden die beobachteten Einzelelemente niemals zu einem einheitlichen, organisch ineinanderwirkenden und nicht mechanisch zusammengesetzten Gesamtbild verschmolzen werden können.

So steht das „Irrationale“ am Anfang und am Ende, während die rationale Denkarbeit das verbindende Mittelstück bildet: Die Menschenkenntnis beginnt mit der unterbewußten Einfühlung, die um so zutreffender ist, je ursprünglicher, unreflektierter und natürlicher sie noch wirken kann (wie etwa beim kleinen Kind). Doch sie bleibt durchaus subjektiv, weder begründbar noch mitteilbar.

Deswegen muß der lange, mühsame und komplizierte Weg der Erfahrung über die bewußte Beobachtung zur objektiven Beurteilung gegangen werden. Allerdings kann dieser Weg auch in die Irre führen, und man gelangt darauf niemals ganz ans Ziel.

Zur Vollendung führen kann dieser Weg nur, wenn er wiederum im Unmittelbaren, Unergründlichen, rational nicht mehr Faßbaren mündet. Das ist aber dann keine unterbewußte Gefühlsregung mehr, sondern das vollbewußte Erfahren eines höheren Bewußtseinszustandes, der in der gegenwärtigen Entwicklungsphase der Menschheit noch nicht dauernd zugänglich ist, sondern je nach dem Grade der uns geschenkten Genialität in mehr oder weniger häufigen begnadeten Augenblicken aufblitzt.

Hier wollen wir auf unserer gedanklichen „Höhenwanderung" innehalten und uns einmal umsehen. Sind Sie, lieber Leser, wirklich bis hierher gefolgt, oder haben Sie das Buch schon verärgert aus der Hand legen wollen wegen der „vielen Theorie" und der anstrengenden „Gedankenakrobatik", die Ihnen bisher zugemutet wurde?

Sind Sie aber willig gefolgt, dann darf man Ihnen gratulieren, denn Sie haben damit bewiesen, daß nicht bloße Neugier oder gar Macht- und Profitgier Sie zum Erwerb dieses Buches bewogen haben, sondern positives Interesse am Menschen und echter Erkenntnisdrang.

Daß dieses Buch im Unterschied zu den meisten anderen Schriften über Menschenkenntnis nicht gleich mit den „realen Gegebenheiten der Praxis" begonnen wurde, sondern sich zuerst so eingehend mit den theoretischen Grundlagen befaßte, hat also zwei wohlerwogene Gründe:

Erstens sollte dadurch das geistige Niveau unserer Betrachtungen deutlich gemacht und der Sinn unseres Bemühens von vorneherein unmißverständlich klargestellt werden.

Zweitens verlangt aber auch der Gegenstand dieser Ausführungen, daß wir uns zuerst gründlich über das „Warum" und „Wozu" besinnen, ehe wir zum praktischen Typisieren und Charakterisieren übergehen. Denn das alles ist ja nur das Handwerkszeug der Menschenkenntnis, das erst dann etwas nützt, wenn man das Handwerk selbst versteht. Wenn Sie etwa mit einem ganzen Kasten voll Handwerkszeug vor ein defektes Auto gestellt werden, ohne daß Sie eine Ahnung vom

Mechanikerhandwerk haben, so werden Sie wenig damit anfangen können. Und ganz ähnlich verhält es sich mit der üblichen Literatur über Menschenkenntnis: Wenn man diese gelesen hat, wird man bestenfalls eine Menge interessanter Einzelheiten wissen (häufig allerdings nur noch mehr verwirrt sein als vorher), - aber mangels gründlicher Einsicht und umfassenden Überblicks wenig praktischen Nutzen davon haben.

Darum mußten wir uns also zuerst so eingehend mit dem Sinn, den Voraussetzungen und der Methodik der Menschenkenntnis befassen, um Ihnen, lieber Leser, damit ein ausreichendes Rüstzeug für sinnvolle und erfolgreiche praktische Anwendung zu vermitteln. Dies allerdings nur dann, wenn Sie nicht nur schnell darüber hinweggelesen, sondern sich bemüht haben, das Dargelegte gründlich zu überdenken und mit Ihren eigenen Kenntnissen und Erfahrungen zu vergleichen, die nötigen Schlußfolgerungen daraus zu ziehen und vor allem entsprechend zu handeln.

Und noch ein letztes Wort: Menschenkenntnis ist mehr als ein Handwerk, das man theoretisch erlernen und praktisch ausüben kann. Menschenkenntnis ist auch nicht nur eine Wissenschaft, die man studieren, anwenden und forschend vertiefen kann. Menschenkenntnis ist in erster Linie *eine Kunst,* d.h. man muß dafür *veranlagt* sein, sich darin *ausbilden* lassen und dann unermüdlich weiter *üben,* bis man es schließlich zur Meisterschaft bringen kann. Erst wenn Menschenkenntnis so als Kunst aufgefaßt und betrieben wird, ist ihr Wesentlichstes erfaßt und kann sie ihr Bestes leisten.

Aus diesem Grunde dürfen Sie, lieber Leser, aber auch nicht zu viel von diesem Buch - wie überhaupt von Büchern - erwarten. Es können Ihnen dadurch bestenfalls die Instrumente gebaut oder die Farben zugerichtet werden, mit denen Sie dann selber spielen oder malen müssen. Auch der Verfasser spricht hier nicht nur als Wissender, sondern vor allem auch als ausübender Künstler der Menschenkenntnis zu Ihnen in dem Bemühen, Ihnen möglichst wenig theoretische Erörterungen und möglichst viel praktische Erfahrung zu vermitteln.

Dennoch kann Ihnen dadurch die eigene Bemühung nicht abgenommen werden; diese Ausführungen sollen Sie vielmehr zu solchem gesteigerten eigenen Bemühen anspornen, ermutigen und begeistern.

II. Ähnlichkeitsgruppen (Typenlehre)

A. Die zweifache Einteilung

Wir hatten festgestellt, daß der erste Schritt zur systematischen Menschenkenntnis darin besteht, in der unendlichen Anzahl von verschiedenartigen Einzelpersonen (Individuen) Gruppen von Menschen zusammenzufassen, die in ihrem Aussehen oder ihrem Verhalten untereinander gewisse Ähnlichkeiten zeigen und sich darin von anderen Gruppen mehr oder weniger deutlich unterscheiden.

Diese Ähnlichkeitsgruppen nennt man Typen. Zweckmäßigerweise wird man zuerst eine Grobeinteilung treffen und dann durch weitere Unterteilung zu immer feinerer Unterscheidung (Differenzierung) gelangen. Die gröbste Einteilung ist die zweifache, bei der man ein besonders verbreitetes und hervorstechendes Merkmal als Maßstab nimmt und nun jeweils in zwei gegensätzlichen Gruppen diejenigen Menschen zusammenfaßt, die dieses Merkmal aufweisen oder nicht aufweisen bzw. die sich positiv oder negativ dazu verhalten.

Man nennt solche Gruppen „Typen polarer Gegensätzlichkeit“, weil sie zwar Gegensätze bezeichnen, aber doch keine unvereinbaren, die nichts miteinander zu tun hätten. Sie sind vielmehr überhaupt nur dadurch zu Gegensätzen geworden, daß sie gemeinsam auf eine dritte übergeordnete Ganzheit bezogen sind, von der sie beide eine entgegengesetzte Seite darstellen bzw. zum Ausdruck bringen, so wie die beiden Pole einer Kugel (etwa der Nord- und Südpol unserer Erde). Deswegen spricht man von „polaren Gegensätzen“ oder von „Polarität“, wenn man Unterschiede meint, die zwar entgegengesetzt, aber trotzdem aufeinander bezogen und voneinander abhängig sind als Ausdruck einer dritten gemeinsamen Größe. Solche Polaritäten sind z.B. „Tag und Nacht“, die durch die Bewegung der Erde entstehen, „heiß und kalt“, die durch die Bewegung der Moleküle entstehen, „oben und unten“ oder „links und rechts“, unserem Richtungs- bzw. Gleichgewichtssinn entsprechend, „+" und „–" in der Mathematik und Physik, durch die Zahlenreihe, das magnetische Feld oder den elektrischen Strom bestimmt, usw.

Beim Menschen ist die auffallendste Polarität der Unterschied der beiden Geschlechter, und wir betrachten daher folgerichtig als erstes Paar polar entgegengesetzter Typen das reale Menschen-Paar.

1. Die Polarität männlich-weiblich

Wir alle wissen, daß „Männlein und Weiblein" nicht nur äußerlich sich wesentlich unterscheiden, sondern auch innerlich sehr verschieden sind und überhaupt in vieler Hinsicht gegensätzlich reagieren. Aber worin nun dieser Unterschied eigentlich besteht, das ist gar nicht so einfach zu sagen. Daß die oft gebrauchte Unterscheidung von „aktiv" und „passiv" nicht stimmen kann (wobei die Männer der aktive und die Frauen der passive Teil sein sollen!), das werden nicht nur die verheirateten Leser bestätigen, sondern das haben gerade auch die Leistungen berufstätiger oder sporttreibender Frauen deutlich genug gezeigt. Auch die Unterscheidung „rezeptiv", d.h. empfangend, aufnehmend, und „impressiv", d.h. beeindrukkend, prägend, dürfte eine allzu vereinfachende Verallgemeinerung des rein Körperlichen bedeuten, die im seelisch-geistigen Bereich nicht mehr zutrifft.

Dagegen kann der Grundunterschied von männlicher und weiblicher Wesensart wohl am kürzesten und prägnantesten auf die Formel „vorwiegend denkbestimmt - vorwiegend gefühlsbestimmt" gebracht werden. Das soll nun beileibe nicht heißen, daß die Frauen nicht denken und die Männer nicht fühlen könnten, es bedeutet nur, daß beim Manne das *Denken,* die begriffliche Formulierung, die Überlegung und Planung, mehr im Vordergrund steht und sein Handeln bestimmt, - während bei der Frau eben das *Fühlen,* die bildhafte Vorstellung, der innere Drang und augenblicksgegebene Impuls, mehr lebensbeherrschend und handlungsbestimmend ist.

Wenn also ein Mann fühlt, so wird dabei doch das Denken viel mehr mitsprechen als bei der Frau, - und wenn eine Frau denkt, wird dies viel mehr mit dem Gefühl verknüpft sein als beim Manne. Deswegen muß sich ein Mann auch davor hüten, „den Kopf zu verlieren", und eine Frau steht immer in der Gefahr, „ihr Herz zu verlieren".

Dies ist auch der Grund, warum die Männer behaupten, die Frauen wären „unlogisch" - während die Frauen verächtlich von „Männerlogik" sprechen: Jedes Geschlecht hat eben seine eigene Logik. Die männliche Logik ist vorwiegend objekt-, d.h. sachbezogen, auf Ursache und Wirkung gerichtet, *zweckbestimmt,*- die weibliche Logik ist vorwiegend subjekt-, d.h. persönlichkeitsbezogen, auf Bewertung und Deutung bedacht, *sinngerichtet.*

Demgemäß sieht der Mann seine Lebensaufgabe hauptsächlich im Werk, in der Bewältigung beruflicher oder privater Tätigkeitsgebiete, in materieller oder geistiger Entfaltung, im dynamischen Vorwärtstreiben des Weltgeschehens,- während die Frau ihre Hauptaufgabe im Menschlichen erblickt, in der Pflege der menschlichen Beziehung, im Schaffen einer heimeligen, wohltuenden Atmosphäre, im Behüten und Bewahren und liebevollen Ausgestalten des Kleinen und Feinen.

Damit hängt eng zusammen der psychologische Gegensatz von Formbeachtung-Farbbeachtung, der sich auf den männlichen und weiblichen Lebensstil bezieht:

Von Formbeachtung spricht man, wenn das Formale, mit scharfen Konturen und trockener Farbe Gemalte, klar Begrenzte, Zeichnerische, Stilisierte, Linienhafte in der bildenden Kunst und der betonte Rhythmus, das streng Gegliederte und stark Akzentuierte in der Musik die Geschmacksrichtung bestimmt.

Farbbeachtung liegt vor, wenn die umgekehrten Werte bestimmend sind, also das Ornamentale, mit weichen Übergängen und nasser Farbe Gemalte, Ineinanderfließende, Malerische, Bunte, Flächige in der bildenden Kunst und das eigentlich Musikalische, Leichtbeschwingte, Einschmeichelnde („Klangfarbe“ und „Tongemälde“) in der Musik.

Dieser Gegensatz bestimmt - wie gesagt - den ganzen *Lebensstil,* also auch die Gemütswerte und die Geistesrichtung, so daß alles Kulturelle, ja sogar das Religiöse davon geprägt wird. Man vergleiche den ernsten, gesetzten, streng geregelten nördlichen Lebensstil, die Philosophie eines Kant und Hegel, die Malerei eines Rembrandt und Dürer, die Musik eines Bach und Bruckner, die Gotik und die denkbetonte evangelische Religiosität der „Verkündung des Wortes“ (Lehre) mit dem fröhlichen, leichten, freiheitlichen südlichen Lebensstil, der Philosophie von Bergson und dem französischen „Esprit“, der Malerei eines Tizian und der französischen Impressionisten, der Musik von Mozart und Haydn, dem Barock und der gemütswirksamen katholischen Religiosität der „Praktizierung des Sakramentes“ (Kultus).

Damit sind lauter charakteristische Merkmale des „typisch Männlichen“ einerseits und des „typisch Weiblichen“ andererseits angedeutet, die wir vielleicht folgendermaßen zusammenfassen können:

Männlicher Lebensrhythmus:
hart, eckig, („zackig“), gerade, ruckweise

Weiblicher Lebensrhythmus:
weich, fließend, gerundet (geschmeidig), schwingend

Hier muß allerdings zunächst ein Mißverständnis bereinigt werden, sonst würden emanzipierte Frauen und fortschrittlich denkende Männer mit Recht gegen diese Ausführungen protestieren. Als „Mann“ bzw. „männlich“ und „Frau“ bzw. „weiblich“ wird hier nicht das geschlechtsspezifische körperliche Aussehen bzw. Funktionieren bezeichnet, sondern es sollen damit lediglich offenkundig verschiedenartige seelische Verhaltensweisen umschrieben werden. Wie käme man sonst dazu, einen körperlich unzweifelhaft als Frau erkennbaren und funktionierenden Menschen dennoch „Mannweib“ und einen ebenso unverkennbaren Mann trotzdem „weibisch“ zu nennen, wenn wir nicht alle einen unterbewußten Maßstab für das „typisch Weibliche“ und „typisch Männliche“ in uns trügen?

Das bedeutet, wir haben eine ganz bestimmte Erwartung oder innere Vorstellung bezüglich eines „Vollweibes“ oder „Idealmannes“, woran wir alle Männer und Frauen unwillkürlich messen. Und zwar handelt es sich dabei in Wirklichkeit um *zwei allgemeingültige polare Grundprinzipien des Lebens* überhaupt, die wie in der gesamten Schöpfung eben auch in der menschlichen Natur zum Ausdruck kommen. Infolgedessen sind auch *in jedem Menschen beide Prinzipien angelegt* und nur verschieden stark ausgeprägt.

Es gibt daher keinen Mann, in dem nicht auch weibliche Wesenszüge zumindest latent vorhanden sind; und es gibt ebenso keine Frau, die nicht auch männliche Seiten in ihrem Wesen hat. Ja, es gehört geradezu zur Lebensaufgabe des Menschen, beide Prinzipien in sich zu entwickeln und zur harmonischen Wechselwirkung zu bringen.

Darum wirkt ein Mensch um so unreifer und unerfreulicher, je einseitiger er bloß männlich oder bloß weiblich ist. Wenn ein Mann als „Stier, Hengst, Bock“ usw. bezeichnet wird, ist damit bestimmt keine besonders hochwertige Persönlichkeit gemeint, und das männliche Extrem ist der „Tyrann“ oder Gewaltmensch. Ebenso ist es für eine Frau wenig schmeichelhaft, wenn sie als „Kuh, Stute, Ziege“ usw. bezeichnet wird, und das weibliche Extrem ist das „Weibchen“ und die Intrigantin.

Wir sprechen infolgedessen um so mehr von einer „abgerundeten Persönlichkeit“, je mehr ein Mann auch seine weiblichen Wesenszüge entwickelt hat, also nicht nur vernünftig denkt und einen starken Willen hat, sondern auch empfindsam und gütig ist und sich nicht schämt, sein gutes Herz zu zeigen, - und je mehr eine Frau auch männliche Eigenschaften offenbart, also nicht nur gemütvoll und impulsiv ist, sondern auch klar denkt und mit Überlegung handelt und eben „Köpfchen hat“.

Allerdings darf diese Verschmelzung von männlichen und weiblichen Elementen (die Wissenschaft nennt das „Integration“) auch wieder nicht so weit gehen, daß ein ungeordnetes Mischmasch daraus wird: sonst entstehen nämlich entweder die erwähnten robusten „Mannweiber“ bzw. die „weibischen Männchen“, oder umgekehrt jene unglücklichen Menschen, bei denen sozusagen die Seele einen verkehrten Körper bekommen hat. Heute können wir ja diesen „Irrtum der Natur“ durch operative Geschlechtsumwandlung korrigieren.

Im Unterschied zum geschlechtsindifferenten Zwitter bleibt also beim übergeschlechtlich wirkenden (griechisch: androgynen), gereiften Menschen der männliche oder weibliche Grundcharakter der Persönlichkeit eindeutig lebensbestimmend. Doch wird das um so besser und umfassender möglich sein, je mehr Wesenszüge des anderen Geschlechtes entfaltet und mit eingebaut wurden, denn eben darin besteht die Ausgeglichenheit und harmonische Wirkung einer voll ausgereiften Persönlichkeit.

Sie sehen, lieber Leser, schon aus dieser ersten Gegenüberstellung zweier Grundtypen kann man eine Menge lernen, sowohl für sich selbst als auch für das Verständnis seiner Mitmenschen. Und wenn Sie mit einem Lebenspartner zusammen sind, werden Sie fortan wieder fast wie im Paradiese leben können, wenn Sie das hier Gesagte wirklich beherzigen und sich immer danach richten.

2. Die Polarität nach innen gerichtet – nach außen gerichtet

Es gibt zwei gegensätzliche Hauptrichtungen des menschlichen Verhaltens: eine besinnliche, nach innen gerichtete, die man „introvertiert“ nennt, - und eine mehr sinnliche, nach außen gerichtete, die man „extravertiert“ nennt. Es handelt sich dabei um zwei entgegengesetzte Arten des Kontakt-Nehmens mit der Innenwelt einerseits und mit der Außenwelt andererseits.

Nehmen wir einmal ein praktisches Beispiel: Es gibt Menschen, die suchen sich, wenn sie in ein Gasthaus oder in einen Eisenbahnwagen kommen, möglichst einen leeren Tisch in der entferntesten Ecke oder ein leeres Abteil aus und blicken sehr wenig freundlich, wenn jemand kommt, der sich zu ihnen setzen will.

Umgekehrt gibt es Menschen, die sich an den vollsten Tisch oder in das besetzte Abteil unbedingt noch dazusetzen müssen, und die jeden animieren, auch noch dazuzukommen, solange noch ein paar Zentimeter Platz frei sind.

Denn diese Menschen sitzen außerdem gerne dicht gedrängt und lieben es, ununterbrochen zu reden, viel und laut zu lachen, mit jedem rasch „gut Freund" zu werden und in jeder Hinsicht „Betrieb" zu machen.

Jene andere Sorte dagegen bleibt am liebsten ganz allein und hält, wenn es wirklich unvermeidlich ist, mit anderen zusammen zu sein, sowohl den räumlichen als auch den seelischen Abstand gerne so groß wie möglich. Sie wird auch nicht gern in ein Gespräch hineingezogen, lacht entweder überhaupt nicht oder verzieht nur leicht die Mundwinkel, ist mit näheren Bekanntschaften äußerst vorsichtig und auch sonst in jeder Hinsicht höchst zurückhaltend.

Der nach *innen* gewandte Mensch ist nämlich viel zu sehr mit sich selbst beschäftigt und hat daher keinerlei Lust, mit anderen Menschen oder Dingen in näheren Kontakt zu kommen. Vielleicht ist er eine grüblerisch veranlagte Natur mit einem so reichen Innenleben, daß er sich selbst vollkommen genügt: Der Wissenschaftler in seiner Studierstube, der Erfinder, der Tag und Nacht über seiner Erfindung brütet, der über den Dingen schwebende Dichter oder der weltabgewandte Asket sind bekannte Vertreter dieses Typus.

Vielleicht ist ein solcher Mensch aber auch nur besonders ängstlich: wenn er etwa das Unglück hatte, einziges Kind gewesen zu sein und daher der rasche selbstverständliche Kontakt mit den Mitmenschen für ihn immer ein Problem bleiben wird; wenn er sonst in seinem Leben schon oft entmutigt, ausgenützt oder zurückgesetzt wurde, oder wenn er sehr empfindlich und schnell beleidigt ist und daher lieber den Leuten aus dem Wege geht, um nicht wieder anzustoßen bzw. angestoßen zu werden.

Jedenfalls kommen seine entscheidenden Erlebnisse nicht aus der Umwelt, sondern aus den Gedanken, Ideen, Bildern und Einfällen seines eigenen Innern: Das Leben „spricht" sozusagen „von innen her" zu ihm. Darum ist er auch oft „geistesabwesend" und bemerkt überhaupt nicht, was um ihn herum vorgeht; er kann auf der Straße an seinen besten Freunden vorbeilaufen, ohne sie zu sehen. Oder er muß sich als „zerstreuter Professor" verlachen lassen, während sich in seinem Innern vielleicht gerade die Konzeption zu einem großen Werk oder die Lösung eines wichtigen Problems gestaltet.

Den Dingen des täglichen Lebens steht er allerdings meist recht hilflos gegenüber: Wenn er z.B. einen Nagel einschlagen will, so wirkt seine Umständlichkeit und Unbeholfenheit sehr erheiternd auf jeden, der ihm dabei zusieht. Daher besteht sein Weg zur „Vollmenschlichkeit" darin, den Blick und das Interesse bewußt nach außen zu lenken, die mitmenschlichen Beziehungen besonders zu pflegen und mit den Dingen „sachgemäß" umgehen zu lernen.

Der nach *außen* gewandte Mensch ist in allem das Gegenteil: Er weiß mit sich selbst nicht viel anzufangen und ist daher immer froh, wenn er Menschen oder Dinge findet, mit denen er sich beschäftigen kann bzw. die sich mit ihm beschäftigen. Weil sein Innenleben entweder überhaupt dürftig ist oder er noch keinen rechten Zugang dazu findet, wird er hilflos und unglücklich, wenn er auf sich allein angewiesen ist. Wenn ihn etwa eine Krankheit für längere Zeit ans Bett fesselt, verzweifelt er schier vor Unruhe und Langeweile, denn daß die Zeit der unfreiwilligen Ruhe und Stille eine gute Gelegenheit sein könnte, sich einmal bewußt nach innen zu wenden und den

Reichtum der „inneren Welt“ kennenzulernen, das will ihm gar nicht in den Sinn.

Wenn er nicht von außen angeregt wird, weiß er nicht viel mit sich selbst anzufangen. Er braucht daher immer Gesellschaft und „Betrieb“, ist immer fröhlich und guter Dinge, wenn er „Mittelpunkt“ sein kann, und fühlt sich gerade in seiner dauernden Geschäftstüchtigkeit und Unrast (er hat so furchtbar viel zu tun und niemals Zeit!) im Grunde doch recht wohl. Er ist also der Typus des Organisators und Managers, des Schauspielers und Politikers, des Vertreters und Diplomaten.

Doch nicht nur zu den Menschen, sondern auch zu den Dingen hat er besonders guten Kontakt. Er findet sehr schnell heraus, warum z.B. ein Schloß nicht schließen oder eine Maschine nicht funktionieren will, auch wenn er nicht „vom Fach“ ist. Und wo ein anderer stundenlang sich abmühen würde, bringt er den Fehler oft mit sicherem Griff in Ordnung, weil er sich eben überall leicht zurechtfindet.

Ängstlich sind solche Menschen kaum, denn es wird ihnen selten etwas wirklich nahegehen. Wenn sie einmal „hereingefallen“ sind, schütteln sie sich wie ein nasser Hund und sind wieder aktionsfähig. Darum wird es auch kaum ein Unglück geben, das sie auf die Dauer umwerfen kann, denn sie werden wie ein „Stehaufmännchen“ in kurzer Zeit wieder obenauf sein.

Es kann allerdings auch extravertierte Menschen geben, die gleichzeitig Pessimisten sind. Diese werden dann ihr „Weltleid“ überall hinausposaunen und als ständige „Miesmacher“ berüchtigt sein, denn sie lassen sich schwer abschütteln und sind gar noch stolz auf ihre Jammermiene.

Jedenfalls ist dem nach außen gerichteten Menschen die Beziehung zum eigenen Inneren und zur „Innenseite“ der Welt nicht angeboren, sondern muß auf dem Wege zu einer allseitig ausgereiften Persönlichkeit erst mühsam und oft schmerzlich erarbeitet werden.

3. Die Polarität Idealismus - Realismus

Ehe wir auf diese Polarität näher eingehen, muß - um Mißverständnissen vorzubeugen - der übliche Sprachgebrauch berichtigt werden, demzufolge man von „Idealismus" spricht, wenn ein Mensch in selbstloser Weise, ohne Erwartung eines Verdienstes oder einer Belohnung, ja ohne überhaupt irgendeinen erkennbaren Nutzen davon zu haben, sich für einen Menschen oder für eine Sache einsetzt. Dies ist hier nicht gemeint (denn man könnte ein solches Vorgehen genausogut mit „Realismus" bezeichnen, wenn man das Lebensgesetz von „Saat und Ernte", von „Einsatz und Gewinn" in Betracht zieht); es ist vielmehr der Unterschied zwischen einer vorwiegend theoretisch eingestellten und einer vorwiegend praktisch ausgerichteten Haltung gemeint.

Ein Idealist ist also ein vorwiegend im theoretischen Denken lebender Mensch, der immer voller Ideen steckt, Pläne schmiedet, Bauten, Gesetze oder Konstruktionen entwirft und lange Schriftstücke aufsetzt. Er kann als introvertierter Stubenhocker zum weltfremden Sonderling werden oder als extravertierter Schwärmer, als „weltverbessernder" Wanderapostel, die Gegend unsicher machen. Er ist jedenfalls immer in Gefahr, sich in ein „Wolkenkuckucksheim" zu versteigen und den Boden unter den Füßen zu verlieren, aber er ist auch - sofern er das richtige Maß zu finden und zu halten weiß - der notwendige „Sauerteig", der die Menschheit vorwärtstreibt und die Dinge im Fluß hält, der immer wieder mitreißende Begeisterung weckt und dem natürlichen „Trägheitsmoment" erfolgreich entgegenwirkt.

Ein Realist ist dagegen ein vorwiegend im praktischen Handeln lebender Mensch, dem es vor allem auf die konkreten, handfesten Tatsachen ankommt, der sich mit irgendwelchen Kleinigkeiten unendliche Mühe geben kann und der einen sicheren Blick für das hat, was jeweils praktisch zu tun ist und wie man es am besten anpackt.

Als introvertierter Bastler verfertigt er wahre Wunderwerke an technischem Spielzeug oder baut seinen Schrebergarten zu einem Museum „genialer“ Anlagen und Einrichtungen aus. Ist er extravertiert, so überschwemmt er seine berufliche und private Umgebung mit täglich neuen Arbeitsmethoden, Kunstgriffen, Apparaturen und „Verbesserungen“ auf allen möglichen und unmöglichen Gebieten.

Für ihn besteht daher die große Gefahr der Zersplitterung und Verzettelung, indem er sich so sehr in irgendwelche Spezialprobleme verrennt, sich gleichsam wie ein Maulwurf in die Erde hineinwühlt, - daß er darüber den Blick für das große Ganze, für den Gesamtzusammenhang und den Sinn seines Menschseins überhaupt verliert. Behält er aber diesen Überblick und bemüht er sich um die Ausweitung seines Horizontes, dann sorgt er für die feste Verankerung im Boden und für die notwendige Gründlichkeit, die den allzu kühnen „Ideenflug“ im Bereich der Wirklichkeit und Realisierbarkeit hält.

4. Die Polarität Führen - Ausführen

Schon wenn wir Kinder beim Spielen beobachten, können wir feststellen, daß die einen beherrschend sind, indem sie bestimmen, was und wie gespielt wird, die „Anführer“ bei Streichen sind und sich auf jede Weise „in den Vordergrund schieben“. Andere ordnen sich dagegen gerne unter, sind die „Mitmacher“, denen selbst nie etwas einfällt und die daher so lange hilflos umherstehen, bis so ein kleiner „Anführer“ dazukommt und die ganze Gesellschaft rasch für irgend etwas begeistert hat.

Diese beiden Grundtypen sind auch im Verhalten der Erwachsenen maßgebend: Es gibt eben *führende Menschen,* die sofort im Mittelpunkt stehen, wohin sie auch kommen, und die immer bestimmend sind, was sie auch tun, weil sie jene selbstverständliche angeborene Autorität besitzen, die unabhängig ist von „Amt und Würden“.

Von ihnen kann man mit Recht sagen, sie seien „königliche Naturen", selbst wenn sie in Lumpen gehen, denn ihre Persönlichkeit strahlt eine derartig machtvolle Wirkung aus, daß sie allem ihren Stempel aufdrücken und ihrer ganzen Umgebung ihr Wesen einprägen. Daher findet man oft einen Betrieb vom prägenden Geiste eines Mannes durchwaltet oder ein Heim von der alles durchdringenden Seele einer Frau gestaltet. Solchen Menschen wird sich jeder gern anvertrauen und unterordnen, weil man ihre innere Überlegenheit und Sicherheit spürt, so daß man sich bei ihnen wohl geborgen und richtig geführt weiß.

Darum zeigt sich nach jeder Revolution oder sozialen Umschichtung immer wieder das gleiche Bild: Ob in Gefangenschaft, politischer Unterdrückung oder als Heimatvertriebener in der Fremde - stets dauert es nur verhältnismäßig kurze Zeit, und es haben sich die Menschen wieder durchgesetzt, die eben über jene persönliche Wirkung verfügen. Wenn auch die äußeren Machtpositionen noch von Gewaltnaturen oder Konjunkturrittern besetzt sind, so werden diese - weil eben nicht an einer ihrem Wesen gemäßen Stelle stehend - auf die Dauer sich doch nicht halten können.

Es gibt also in der Tat Menschen, die zum Unternehmer und Meister, Staatslenker und Menschenführer, Pädagogen und Seelsorger, zum Vorgesetzten jeder Art geboren sind. Sie können ebenso Pioniere und Politiker sein, welche die Menschheitsgeschichte im Äußeren bestimmen, wie auch persönliche Ratgeber, „Weise" und „Heilige", die heilend und weiterführend in der Stille wirken und so die Geschicke der Menschen von innen heraus lenken.

Umgekehrt verhalten sich *die ausführenden Menschen:* Sie sind immer da, wenn es etwas zu arbeiten gibt, sind immer bereit, das auszuführen und auszubauen, was jene bestimmenden Menschen planen und konstruieren, beginnen und auftragen, ohne es doch im allgemeinen auch selber durchführen und vollenden zu können. Dazu bedarf es eben jener dienenden Naturen, die mit Bienenfleiß und unermüdlicher Ausdauer, mit Geduld und Zuverlässigkeit stets und überall am Werke sind: die am Fließband und an der Drehbank, am Schalter und hinter dem Ladentisch stehen, an der Schreibmaschine und an der Kasse sitzen, im Bergwerk und im Steinbruch schuften, Lokomotiven und Lastwagen fahren, den Acker bebauen und die Speisen bereiten.

Dieses riesige Heer der schaffenden Menschen, die ohne viel zu fragen und zu fordern einfach ihre Pflicht tun, ermöglicht ja erst die menschliche Kultur und sorgt dafür, daß wir überhaupt leben können. Zu den ausführenden Menschen zu gehören ist also keineswegs etwas Minderwertiges, sondern ganz im Gegenteil das Wichtigste für die Gesamtheit und daher höchst ehrenvoll und dankenswert.

Ja, im Grunde haben die führenden Menschen nur dann eine sinnvolle Daseinsberechtigung, wenn sie nicht in überheblicher Selbstherrlichkeit versuchen, andere für sich arbeiten zu lassen, sondern umgekehrt die ihren größeren Fähigkeiten entsprechende höhere Verantwortung tragen und sich so als die ersten Diener am Ganzen betrachten, deren Vorrecht und Verpflichtung es ist, nicht etwa weniger, sondern mehr zu leisten als andere.

5. Die Polarität Spannung - Lösung

Schon an Gang und Haltung sieht man deutlich den Unterschied zwischen Menschen, die mit hart auftretenden Schritten steif und kerzengerade einhergehen, als ob sie „einen Stock verschluckt“ hätten, und deren hölzern-eckige Bewegungen die Verspanntheit ihrer Muskeln anzeigen, die wiederum nur von ihrem ständigen seelischen Spannungszustand herrührt. Sie sind nämlich dauernd „auf dem Sprung“, immer gereizt, „geladen wie ein Pulverfaß“. Das kommt daher, daß solche Menschen entweder mit ihrer eigenen seelischen Problematik nicht fertig werden und daher versuchen, durch übersteigerte äußere Leistung den inneren Konflikt zu übertönen, oder daß sie einfach mehr wollen, als sie können.

Solche verbohrten „Leistungsmenschen“ voll „tierischem Ernst“ und ohne jede Spur von Humor können als Vorgesetzte ihren Untergebenen das Leben zur Hölle machen. Als Schüler und Untergebene sind sie die berüchtigten „Streber“, im Verkehr mit ihren Mitmenschen verkrampfte, intolerante Fanatiker. Sind die „Spannungstypen“ mehr passiv veranlagt, so äußert sich ihre Verkrampftheit im starren Festhalten am „Althergebrachten“, in einem feindseligen Mißtrauen gegen alles Neue und Ungewohnte, dem gegenüber sie sich als unbelehrbare „Reaktionäre“ und sture „Gewohnheitstiere“ verhalten.

Spannung kann sich allerdings auch im positiven Sinne auswirken als erhöhte Leistungsfähigkeit überall da, wo es auf besonderen Willenseinsatz ankommt: also auf verstärkte Anfangsenergien oder Aushalten im „Endspurt“, auf aktives Durchsetzungsvermögen oder passives Durchhalten unter erschwerten Arbeitsbedingungen, auf Zähigkeit und Ausdauer.

Der Gegentypus äußert sich in einem rhythmischen, gelösten Gang mit weich auftretenden Schritten und einer lässigen, oft sogar „schlaksigen“ Haltung mit spielerischen, entweder schwungvoll ausgreifenden oder fein aufeinander abgestimmten Bewegungen. Die völlige Entspanntheit der Haltung und die spielerische Leichtigkeit der Bewegung sind Ausdruck des entsprechenden Seelenzustandes völliger Unbekümmertheit und Leichtigkeit bis zur Leichtfertigkeit. Solche Menschen lassen lieber „fünfe gerade sein“, als sich allzusehr anzustrengen, sie genießen lieber die „Sonnenseite“ des Lebens, als sich allzu heftigen Stürmen auszusetzen, und sie lassen sich lieber von den Wellen schaukeln, als etwa gar gegen den Strom zu schwimmen.

Sie sind entweder einfältige, unkomplizierte Naturen, die keine Probleme kennen, oder bewußt allem Schwierigen und Unangenehmen ausweichende „Lebenskünstler“. Als Vorgesetzte sind sie sehr beliebt, weil sie nach dem Grundsatz handeln: „Leben und leben lassen“. Als Untergebene oder Mitarbeiter sind sie weniger erfreulich, weil man sich bei ihnen nur auf eines verlassen kann, nämlich auf ihre Unzuverlässigkeit. Sie stehen auf dem Standpunkt: „Beschäftigung ist gut, wenn sie nicht in Arbeit ausartet“, und sie sind dabei meist von einer solch entwaffnenden Liebenswürdigkeit und Naivität, daß man ihnen nicht einmal ernstlich böse sein kann.

Sie sind die Spieler und „Glücksritter“, die nach dem Rezept leben: „Sie säen nicht, sie ernten nicht, und der liebe Gott ernährt sie doch“. Sind sie mehr passiv veranlagt, so entwickeln sie sich zum satten, behäbigen „Spießer“, der unbelastet vom „bösen Weltgetriebe“ sein „Glück im Winkel“ genießt.

Ist die Gelöstheit jedoch richtig ausgewogen und dem Pflichtbewußtsein untergeordnet, dann gehören die gelösten Menschen zu den beliebtesten und wertvollsten Zeitgenossen; sie werden auf Grund ihrer Wendigkeit und Gelassenheit mit jeder Schwierigkeit fertig und finden dort mit Leichtigkeit einen Ausweg, wo der gespannte Mensch vergeblich „mit dem Kopf gegen die Wand rennt“. Mit ihrem goldenen Humor helfen sie sich und anderen über vieles hinweg, und ihre sorglose „Wurstigkeit“ (die ja im Grunde einem tiefen Lebensvertrauen entspringt) wirkt beruhigend und erfrischend zugleich. Darum sind sie überall dort unentbehrlich, wo es auf „frischen Wind“ oder auf „Entgiftung der Atmosphäre“, auf Erleichterung und Auflockerung, Ermutigung und Aufmunterung und selbstverständliche Hilfsbereitschaft ankommt.

Tabelle I
Die zweifache Typeneinteilung

männlich	**weiblich**
denkbestimmt	gefühlsbestimmt
objektgerichtet, sachbezogen (Werk)	subjektgerichtet, persönlichkeitsbezogen (Mensch)
Erobern und Erschließen	Behüten und Bewahren
Formbeachtung: scharfe Konturen, zeichnerisch	Farbbeachtung: weiche Übergänge, malerisch
eckig, taktierend (Marschmusik)	abgerundet, schwingend (Walzer)
fest, „zackig“, spröde	fließend, geschmeidig, schmiegsam

nach innen gewandt	**nach außen gewandt**
besinnlich	sinnenfreudig
Schweigen, Grübeln	Reden, Gestikulieren
Zurückziehen in die Innenwelt	Heraustreten in die Außenwelt
bedächtig, ungesellig	geschäftig, gesellig
unangepaßt, schroff	anpassungsfähig, verbindlich
sehr zurückhaltend	rascher Kontakt
individualistisch, ichhaft	kollektivistisch, wirhaft
Einengung (zentripetal)	Ausweitung (zentrifugal)
ideell-theoretisch	**real-praktisch**
planen, konstruieren	handeln, ausführen
Wahrheit	Wirklichkeit
abstrakte Begriffe	konkrete Tatsachen
Geistestiefe	Lebensweite
Verflüchtigung	Verfestigung
schöpferisch, grundlegend	schaffend, aufbauend
führend	**ausführend**
Herrschaft	Gefolgschaft
befehlen, bestimmen	gehorchen, Folge leisten
Überlegenheit	Unterordnung
Initiative, Anstoß	Exekutive, Ausarbeitung
selbständig, frei	abhängig, gebunden
erobern, Bahn brechen	kultivieren, ausgestalten
Verantwortung im Großen	Sorgfalt im Kleinen
gespannt	**gelöst**
„Leistungsmensch“	„Lebenskünstler“
Anstrengung	Leichtigkeit
verkrampft, fanatisch	„schlaksig, wurstig“
steif und ernsthaft	wendig und spielerisch
energisch, konzentriert	lässig, zerstreut
„eingleisig“	vielseitig
aufregend	beruhigend
sorgenvoll, humorlos	sorglos, heiter
unfreundlich	liebenswürdig
zäh und ausdauernd: „nicht nachlassen“	elastisch und nachgiebig: „Gelassenheit“

B. Zwischenbetrachtung

Nachdem wir die wichtigsten Gegensatzpaare der zweifachen Einteilung kennengelernt haben, müssen wir wieder einen Augenblick innehalten, ehe wir zur dreifachen Einteilung übergehen. Gewiß haben Sie, lieber Leser, sich in einem oder gar in mehreren der aufgezeigten Typen selbst wiedererkannt und sind geneigt, die Schilderung Ihres eigenen Typus für reichlich unerfreulich, bestimmt aber die Beschreibung des „Gegentypus" für allzu geschmeichelt zu halten.

Dieser Eindruck stimmt aber nicht. Die Sache verhält sich vielmehr so: Es gehört zu den sogenannten „Primitivreaktionen", daß jeder Mensch von Natur aus dazu neigt, den eigenen Typus überzubewerten und den ihm entgegengesetzten Typus entsprechend unterzubewerten. Jeder hält sich doch im Grunde für gut und richtig und daher den anderen für um so schlechter und verkehrter, je gegensätzlicher dessen Wesensart ist. Dieser unüberlegten und schädlichen Primitivreaktion, die schon viel Unheil angerichtet hat, wirkt nun die bewußte Typenunterscheidung dadurch entgegen, daß sie uns lehrt, genauer zu sehen und sachlicher zu urteilen.

Das Ergebnis einer solchen unvoreingenommenen Betrachtungsweise ist im *sechsten Grundgesetz der Menschenkenntnis* festgelegt:

> Es gibt keinen bloß positiven oder bloß negativen Typus, vielmehr hat jeder Typus seine Vorteile und Gefahren, kann sich also positiv oder negativ auswirken.

Das bedeutet praktisch: Man darf niemals den Charakter eines Menschen nach seiner Typenzugehörigkeit beurteilen, und umgekehrt niemals typisieren, wenn man den Charakter beurteilt, sondern man muß stets ganz individuell bewerten.

Alle Kollektivurteile sind also von vornherein falsch! D.h. man darf zwar in psychologischer, neutral feststellender Weise bei einer Gruppe von Menschen gemeinsame Merkmale registrieren, man darf aber nicht zugleich in ethischer, charakterlich wertender Weise verallgemeinern. Wer von „den Juden" oder „den Nazis", von „den Russen" oder „den Amis", von „den Katholiken" oder „den Beamten" spricht und damit eine Charakterbewertung verbindet, der unterliegt einer Primitivreaktion, die mit zutreffender Menschenkenntnis nichts zu tun hat.

Wer dagegen objektiv und nicht beurteilend die charakteristischen Merkmale der Wesensart und des Verhaltens von Menschengruppen sammelt und sich dabei vor allem bemüht, die Merkmale seines „Gegentypus“ besonders neutral und sachlich zu registrieren und jegliche Minderbewertung zu vermeiden, der überwindet die Primitivreaktion und übt seine Menschenkenntnis in der richtigen Weise. Nur so erwirbt er sich die Fähigkeit, dann von der allgemeinen Typenunterscheidung allmählich zum Erkennen der individuellen Besonderheit - und damit auch zur Charakterbeurteilung des Einzelmenschen fortschreiten zu können.

C. Die dreifache Einteilung (Konstitutionstypen)

Handelte es sich bei der zweifachen Einteilung hauptsächlich um Aktionstypen, so unterscheidet man bei der dreifachen Einteilung in der Hauptsache Konstitutionstypen, bringt also das seelische Verhalten der Menschen in Zusammenhang mit der Formgesetzlichkeit ihrer Leibesgestalt. Darum können wir diese Typen auch am besten von der reinen Form ableiten, und zwar vom Dreieck bzw. von der umgekehrten Pyramide, vom Kreis bzw.von der Kugel, und vom Rechteck bzw. Kubus.

Wir brauchen nur ein der Form entsprechendes Gesicht zu zeichnen - und die drei Konstitutionstypen sind in aller Deutlichkeit erkennbar:

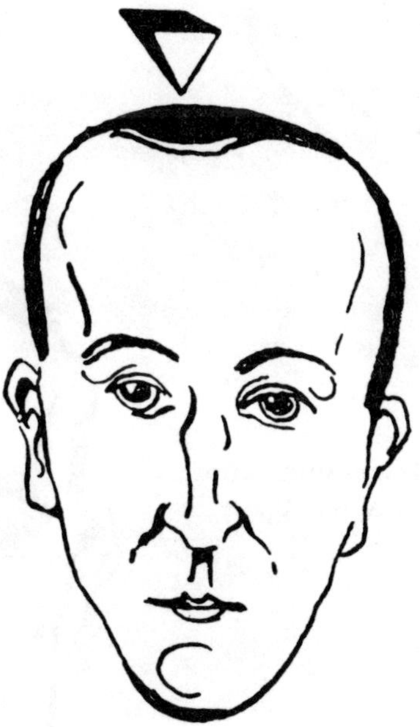

Empfindungstypus
(Astheniker)

Ernährungstypus
(Pykniker)

Bewegungstypus
(Athletiker)

Wenn wir noch hinzufügen, daß sich die Gesichtsform auch im gesamten Körperbau findet, so können wir also folgende Typen ableiten: von der Pyramide den *schlankwüchsigen* (asthenischen) Typ, lang und hager gewachsen, bei dem die Gehirnpartie des Schädels der hervortretendste Körperteil ist; - von der Kugel den *rundwüchsigen* (pyknischen) Typ, klein und dick gewachsen, bei dem der Bauch den stärksten Körperteil bildet; - vom Kubus den *stämmigen* (athletischen) Typ, breit und kräftig gewachsen, bei dem der Brustkasten der entwickeltste Körperteil ist.

Der am meisten betonte Körperteil zeigt deutlich, welche Funktionen in den jeweiligen Organismen das Übergewicht haben: Der große bzw. ausgeprägte Kopf weist auf das Übergewicht der Nervenfunktion hin, weshalb man hier auch vom *„Nerventypus"* oder *„Kopfmenschen"* spricht, bei dem entweder das sogenannte zerebrale Nervensystem (Gehirn), also das Denken, oder das sogenannte vegetative Nervensystem (Nervengeflechte im Körper), also das Spüren, oder beides zusammen besonders gut funktioniert - allerdings gerade deswegen oft auch durch Überbeanspruchung oder Störung besonders gefährdet ist.

Der dicke Bauch und die entsprechenden Fettpolster zeigen das Übergewicht der Stoffwechselfunktionen, weshalb man hier auch vom *„Ernährungstypus"* oder *„Rumpfmenschen"* spricht, der ein besonders guter „Futterverwerter" ist, weil bei ihm das Blut und die Körpersäfte besonders aktiv sind und die entsprechenden seelischen Funktionen des Fühlens, der Gemüthaftigkeit und Stimmungsabhängigkeit die Wohlbeleibtheit unterstützen.

Der breite Brustkasten und die entsprechenden Muskelpakete weisen auf das Übergewicht der Muskelfunktionen bzw. des Bewegungsapparates hin, weshalb man hier auch vom *„Bewegungstypus"* oder *„Gliedmaßenmenschen"* spricht, bei dem also das körperliche Wirken, das Tätigsein mit Händen und Füßen im Vordergrund steht (womit sowohl ein starkes

Knochengerüst als auch eine entsprechende seelische Robustheit zusammenhängt).

Die seelische Situation des *„Nerventypus"* ist durchaus von seiner nervösen Erregbarkeit bestimmt: er steckt stets voller Ideen und Pläne, hat eine feine „Witterung" (Sensibilität) und starke innere Dynamik (Impulsivität), ist von schneller Auffassung und raschem Entschluß, wendig und vielseitig interessiert.

Die Kehrseite dieser positiven Eigenschaften ist allerdings seine Sprunghaftigkeit und Unberechenbarkeit. Er ist leicht gereizt und oft fanatisch oder phantastisch; nie ist man bei ihm vor Überraschungen und gänzlich unerwarteten Reaktionen sicher: Entweder drängt es ihn aus sich heraus, so daß er oft „außer sich gerät", oder er verkrampft sich und „frißt etwas in sich hinein". Vielfach zersplittert er sich und reibt sich auf, so daß seine Gesundheit oftmals angegriffen ist. Jedenfalls gehört er zu den unbequemen Zeitgenossen, und eine entsprechende Vorsicht beim Umgang mit ihm ist angebracht.

Der höchste Lebenswert dieses Typus ist jedoch Erkenntnis und Sinngebung; deshalb ist er besonders entwicklungsfähig, so daß man hier verhältnismäßig viele Geistesgrößen und Idealisten findet.

Das Verhalten des *„Säftetypus"* ist ganz von seinem Ruhebedürfnis bestimmt: Da man zum Verdauen bekanntlich Ruhe braucht, möchte er gerne in Ruhe gelassen werden und wird auch seinerseits niemanden in seiner Ruhe stören (das soll allerdings nicht heißen, daß er menschenscheu wäre; im Gegenteil, er ist sogar sehr gesellig, liebt aber das fröhliche Beisammensein ohne anstrengende Problematik, wo man sich eben „nichts tut"). „Gemütlichkeit" und Bequemlichkeit gehen ihm über alles, deshalb hat er auch ein sehr starkes Anlehnungs- und Mitteilungsbedürfnis, braucht viel „Wärme" und „Gleichgestimmtheit".

Eben weil er sehr von einem gleichmäßigen Lebensrythmus abhängig ist und ein starkes Ordnungsbedürfnis hat, ist er langsam und bedächtig, ein Feind schneller Entschlüsse und übereilten Handelns. Aus diesem Grunde hat er auch ein starkes Sicherungsbedürfnis und ist nicht gerade mutig zu nennen.

Meist hat er auch keinen sehr weiten Horizont und einen beschränkten Interessenkreis, dafür ist er sehr gründlich und kann sich mit unendlicher Geduld anspruchslosen Kleinigkeiten widmen. Wenn er auch schwankend in seinen Stimmungen (affektbetont) und sehr empfindlich ist, so geht die Gemütserschütterung doch selten tief, und er schwingt bald wieder in die „Ruhelage“ seines seelischen Gleichmaßes zurück. Wegen seiner Gutmütigkeit und Verträglichkeit gilt er als besonders angenehmer Zeitgenosse (weshalb Shakespeare Cäsar sagen läßt: „Laßt wohlbeleibte Männer um mich sein ...“).

Die höchsten Lebenswerte dieses Typus sind Erlebnis und Harmonie; deshalb steht er dem mütterlich Bewahrenden und Behütenden nahe und stellt gewissermaßen die „weiche Watte“ dar, in die man das ebenso harte wie zerbrechliche „Glas“ des „Nerventypus“ betten muß.

Der *„Muskeltypus“* bildet eine Verschmelzung (Synthese) von „Nerventypus“ und „Bluttypus“, indem er die Dynamik des ersteren und die Statik des letzteren zu einer ruhevollen Aktivität verbindet, die den bei ihm im Vordergrund stehenden „Tätigkeitsdrang“ im richtigen Mittelmaß hält. Daher verfällt er weder der Gefahr spielerischer, praktisch nutzloser Geschäftigkeit, noch dem umgekehrten Übel gehetzter, verkrampfter Überanstrengung. So ist dieser Typus gerade aus seiner ruhigen, in sich gefestigten Haltung heraus zu tatkräftiger Gestaltung und wirksamem Schaffen befähigt. Überall, wo es auf festes Zupacken und stetige, zuverlässige Dauerleistung ankommt, ist er am richtigen Platz.

Zwar ist er nicht besonders rasch, weder im Denken noch im Handeln, dafür aber besonders gründlich und ausdauernd; auch bedarf es eines verhältnismäßig großen Aufwandes an Energie, um ihn zum „Anlaufen“ zu bringen. Ist er aber einmal in Schwung, dann ist er nicht mehr so leicht aufzuhalten, dann geht er wohl bedächtig, aber mit unaufhaltsamer Gewalt vorwärts (wofür der Soldat den treffenden Ausdruck prägte „stur wie ein Panzer“).

Damit ist allerdings auch die negative Seite dieses Typus angedeutet: Er kann eben wirklich „stur“ sein, d.h. durch Unbelehrbarkeit und Eigensinn den „Nerventypus“ zur Raserei und den „Säftetypus“ zur Verzweiflung bringen. Seine Beharrlichkeit kann sich auch zur Starrköpfigkeit und seine Festigkeit zur Festgefahrenheit entwickeln. Im allgemeinen ist dieser Typus jedoch besonders wertvoll, weil er eben der unermüdlich Schaffende und das Gewünschte und Geplante in die Tat Umsetzende ist.

Sein höchster Lebenswert ist Leistung und Werkvollendung, und damit bildet er gewissermaßen einen Grundpfeiler unserer abendländischen Zivilisation.

Tabelle II
Die dreifache Typeneinteilung

▽	○	□
lang und schmal	**kurz und dick**	**breit und stämmig**
Nerven	Blut	Muskeln
Kopf (Hirn)	Rumpf (Herz)	Glieder (Hände)
Empfindung	Ernährung	Bewegung
Erregbarkeit	Gemütlichkeit	Tätigkeit
Denken	Fühlen	Wirken
sensitiv	affektiv	reaktiv
Entfalten	Erhalten	Gestalten
Entdecken	Hegen	Weiterbilden
und	und	und
Wecken	Pflegen	Ausbreiten
Wille	Wunsch	Werk
Ausdenken	Ausschmücken	Ausführen
Schauen	Trauen	Bauen
Klärung	Gärung	Bewährung
Erkenntnis	Erlebnis	Leistung
Sinngebung	Harmonie	Werkvollendung

D. Die vierfache Einteilung

Handelte es sich bei der zweifachen Einteilung um Aktionstypen, also hauptsächlich vom seelischen Verhalten abgeleitete Ähnlichkeitsgruppen, und bei der dreifachen Einteilung um Konstitutionstypen, also vorwiegend von der körperlichen Form abgeleitete Beziehungen, - so hat es die vierfache Einteilung wieder mit Aktionstypen zu tun, und zwar werden die Gegensatzpaare der zweifachen Einteilung nochmals in je zwei unterschiedliche Gruppen geteilt, so daß also eine Doppelpolarität entsteht. Das Symbol für diese vierfache Beziehung ist stets das Kreuz; dabei kann die doppelte Gegenüberstellung auf zweierlei Weise entstehen (was durch die verschiedene Lage des Kreuzes angedeutet ist): z.B. entsteht aus der einfachen Polarität „senkrecht-waagerecht" durch Teilung der Oberbegriffe die Doppelpolarität:

oben
links + rechts
unten

Oder aus der einfachen Polarität „hell-dunkel" entsteht durch Ergänzung der Oberbegriffe die Doppelpolarität

Licht ╳ Wärme
Kälte ╳ Finsternis

Die vierfache Einteilung ist älter als die dreifache; sie ist uns schon von den alten Griechen überliefert, die dabei zunächst von der Naturbeobachtung ausgingen, indem sie die vier Grundelemente „Erde-Wasser-Luft-Feuer" unterschieden (womit sie sich übrigens in voller Übereinstimmung mit den neuesten Erkenntnissen der Naturwissenschaft befinden, da wir heute auch wieder ganz analog die vier Aggregatzustände „fest-flüssig-gasförmig-strahlend" unterscheiden).

Da die Griechen aber ebenso gute Menschenbeobachter

wie Naturbeobachter waren, stellten sie sehr bald eine auffallende Übereinstimmung fest zwischen den charakteristischen Qualitäten jener Grundelemente (kalt-feucht-trocken-warm) und dem menschlichen Verhalten. Auf diese Weise fanden sie die vier Temperamente, die sie in unmittelbare Beziehung zu den vier Grundelementen brachten: 1. „melancholisch", d.h. besinnlich, ernst. 2. „phlegmatisch", d.h. träge, schwerblütig. 3. „sanguinisch", d.h. beschwingt, heiter. 4. „cholerisch", d.h. energiegeladen, aufbrausend.

Diese Einteilung ist wieder sehr aktuell geworden und gewinnt vor allem auf Grund der tiefenpsychologischen Erkenntnis gerade neuerdings erhöhte Bedeutung, so daß sie sich den Konstitutionstypen gegenüber immer mehr durchsetzt. In diesen Zusammenhang gehören zum Beispiel auch die von Fritz K ü n k e l aufgestellten vier *Charaktertypen* „Heimchen - Star - Nero - Tölpel", mit welchen neurotische Übersteigerungen der vier normalen Temperamente gekennzeichnet sind, oder die von L ü s c h e r entwickelten *Funktionstypen* „Gelb - Rot - Blau - Grün", die ebenfalls mit den vier Temperamenten identisch sind (vgl. Literaturverzeichnis).

1. Cholerisches Temperament

Der Choleriker
(Feuer)

Nicht nur bei den Griechen, sondern auch bei unseren germanischen Vorfahren scheint die Verwandtschaft des Willensmenschen mit dem Feuerelement als eine besonders deutlich sich aufdrängende Vorstellung wirksam gewesen zu sein, denn fast alle Ausdrücke der deutschen Sprache, die sich auf das Willensmäßige, Energische, Impulsive beziehen, enthalten diese Feuer- oder Wärme-Analogie: Wir sprechen von „Hitzkopf - Feuergeist - feuriger Energie - hitzigem Streit - brennender Neugier - heißem Verlangen - Feuer und Flamme für etwas sein - flammender Begeisterung - zündender Rede - anfeuerndem Beispiel usw."

Der Choleriker ist also stets irgendwie „geladen“, voll von Energie und Willensimpulsen, die er „herauslassen“ muß, um nicht zu „platzen“. Darum ist einerseits Vorsicht beim Umgang mit ihm geboten, denn er ist - wie gesagt - „hitzig“ und „explodiert“ leicht,- andererseits aber ist er ein besonders guter Arbeiter, dem nicht leicht etwas zu viel wird, der die größten Schwierigkeiten bewältigt und der „ein Tempo vorlegt“, das seine ganze Umgebung mitreißt. Er ist ein unerschrockener Draufgänger; was er will, das setzt er durch, entweder in schwungvollem, unwiderstehlichem Ansturm oder in immer aufs neue wiederholter Anstrengung (auch darin dem Feuer ähnlich, das sich unaufhaltsam weiterfrißt, wenn es einmal gezündet hat, bis es schließlich nach Überwindung des letzten Widerstandes triumphierend emporlodert). Jedenfalls ist er stets für den kürzesten, geraden Weg, den er - wenn nötig - auch mit Gewalt erkämpft. Der Choleriker ist eine ausgesprochene „Herrscher- und Kämpfernatur“, auch wenn er als einfacher Arbeiter tätig ist (in diesem Falle wird er eben mindestens „Wortführer“, „Vertrauensmann“ oder Betriebsrat, wenn er sich nicht zu noch höheren Stellen emporarbeitet). Er ist gleich leidenschaftlich und „vulkanisch“ in der Liebe wie im Haß, kann ebenso gewaltig wirken in segensreicher Schöpferkraft wie in ungezügelter Zerstörungswut. In allem wird er ein „großes Format“ zeigen, Enge und Kleinlichkeit liegen ihm völlig fern.

Durch die konzentrierte Intensität seines Lebensstils stellt er an sich selbst und seine Umgebung sehr große Ansprüche; er hat einen sehr starken Verbrauch an inneren und äußeren Gütern -aber auch in hohem Maße die Fähigkeit, solche Güter selbst zu schaffen. Selbständigkeit bis zur „Selbstherrlichkeit“, besonders ausgeprägte Individualität und bezwingende Persönlichkeitswirkung sind weitere wesentliche Merkmale dieses Typus, die das Dominierende seiner Erscheinung erhöhen.

Da es in unserer gegenwärtigen Gesellschaft trotz aller theoretischen Gleichberechtigung cholerischen Frauen praktisch kaum möglich ist, die ihrem Naturell angemessenen beruflichen Führungspositionen einzunehmen, entwickeln sie sich entweder zum „männerverzehrenden Vamp" oder zum gefürchteten „Hausdrachen". Diese negativen Erscheinungen werden infolgedessen in dem Maße von selbst verschwinden, in dem wir eine tatsächliche Gleichberechtigung bekommen, so daß man sich einer führenden Frau genauso selbstverständlich unterordnet wie einem führenden Mann.

Ob Mann oder Frau, cholerische Menschen brauchen jedenfalls besonders viel Freiheit und großen Spielraum für ihre Eigeninitiative. Auf jeglichen Zwang reagieren sie geradezu allergisch, sei es in der Erziehung, sei es im Arbeitsprozeß oder im Gemeinschaftsleben. Dann werden sie unweigerlich zu rabiaten Hitzköpfen, zu aufsässigen Rebellen oder gar zu gefährlichen Gewaltverbrechern. Werden die Choleriker jedoch von ihren Mitmenschen akzeptiert, dann werden sie Pioniere und gefeierte Vorkämpfer. Finden sie zu wenig Anklang, werden sie Revolutionäre und hartnäckige Untergrundkämpfer. Auf jeden Fall aber wirken sie stets bahnbrechend und weiterführend.

Der Choleriker wird stets das Haupt hoch tragen und eine etwas herausfordernde, angriffslustige Haltung zeigen. Sein Körper ist schlank und kräftig, durchtrainiert und „drahtig"; seine Bewegungen sind rasch und zielsicher, entweder heftig zupackend oder voll verhaltener Spannung (wie bei großen Raubtieren), können allerdings auch übertrieben und verkrampft wirken. Sein Gang ist kraftvoll federnd und ausgreifend, jedoch nicht schwingend, sondern stoßend, tönend („metallen, donnernd") oder durchdringend („kreischend, schneidend, durch Mark und Bein gehend"): Der „Befehlston" des „Herrn der Schöpfung" ist ebenso geläufig wie das „häusliche Kommando" seiner „besseren Hälfte".

2. Sanguinisches Temperament

Der Sanguiniker
(Luft)

Er hat die starke Dynamik und die unermüdliche Aktivität mit dem Choleriker gemeinsam, doch wirken sie sich bei ihm in einer ganz anderen Weise aus; er ist nicht willens-, sondern denkbestimmt, so daß man ihn als den Bewußtseinsmenschen bezeichnen kann. Daher wurde er mit dem Grundelement der Luft in Verbindung gebracht: Denn wie die Luft die ganze Erde umschließt, alle Länder und Meere berührt, von allen Lebewesen geatmet wird, in jede Erdspalte eindringt und in die höchsten Höhen hinaufreicht bis an die „Äthergrenze" des leeren kosmischen Raumes, - so umfaßt auch das menschliche Bewußtsein alle Dinge und Wesen, sucht bis in die verborgensten Winkel vorzudringen, das Kleinste und Feinste zu ergründen und ebenso schwindelnde Höhen zu erklimmen, auch das Größte und Mächtigste noch zu ergreifen, um schließlich in der Unergründlichkeit des Kosmos sich zu verlieren.

Und wie die Luftbewegung alle Grade der Wirksamkeit umfaßt - vom linden Streicheln eines zarten Lufthauches bis zur verheerenden Gewalt des Wirbelsturmes -, so sind auch die Bewegungen des Bewußtseins, unsere Gedanken, eigentlich das Wirksamste in der Welt, denn es gibt nichts Gemachtes, was nicht zuerst erdacht wurde, und nichts Gewordenes, was nicht durch Nachdenken erfaßt werden könnte. Darum eben können Gedanken so wohltuend sein wie ein Lufthauch und so zerstörend wie ein Sturm. Und deswegen haben auch die Griechen „Geist“ und „Hauch“ („Pneuma“) gleichgesetzt.

In der deutschen Sprache ist die Analogie von Luft und Bewußtsein ebenfalls bekannt: sprechen wir doch vom „Gedankenflug“, vom „weiten Horizont“ eines Menschen und von der „geistigen Atmosphäre“. Auch bei der Kennzeichnung der negativen Seiten dieses Typus bleiben wir im Bilde, wenn wir von „Luftikus“ und „Aufgeblasenheit“ oder gar von „Windhund“ und „windig“ sprechen.

Tatsächlich verführt die außergewöhnliche geistige Beweglichkeit und rasche Reaktionsfähigkeit des Sanguinikers vielfach dazu, den Boden unter den Füßen zu verlieren, und zwar nicht nur den Boden der Tatsachen, sondern auch den moralischen Boden, so daß Oberflächlichkeit und Haltlosigkeit zu den besonderen Gefahren dieses Typus gehören; sein leichter Sinn wird eben allzu leicht zum Leichtsinn, und seine intellektuelle Überlegenheit entartet oft zu herzloser Überheblichkeit.

Er liebt es, „über den Dingen zu schweben“ und sich mit allem in spielerischer Leichtigkeit zu befassen, ohne jedoch die notwendige Geduld, Gründlichkeit und Ernsthaftigkeit aufzubringen, um tatsächlich schöpferisch und gestaltend wirken zu können. Er hat stets tausend Ideen im Kopfe und beginnt hundert Sachen auf einmal, doch verliert er auch ebenso rasch die Lust daran, jagt schon wieder einer neuen Idee nach und fängt schon wieder etwas Neues an, so daß seine Pläne eben meist „Luftschlösser“ bleiben und das tatsächlich Begonnene selten über die „Grundsteinlegung“ hinauskommt.

So wird er zu dem allgemein besonders unbeliebten Typus

des „Intellektuellen“: über alles „Bescheid wissend“, ohne wirklich in die Materie eingedrungen zu sein, überall „mitredend“ oder gar „hineinredend“, ohne durch entsprechend gründliche Sachkenntnis dazu befugt zu sein. Von einer maßlosen Selbstüberschätzung und Dünkelhaftigkeit, die ihn daran hindert, zu echtem Kontakt und fruchtbarer Zusammenarbeit mit seinen Mitmenschen zu gelangen.

Darum eben auch seine ungetrübte Heiterkeit und konventionelle Freundlichkeit, weil er allem Unangenehmen und Unerfreulichen möglichst aus dem Wege geht, gerne „auf den Höhen des Lebens lustwandelt“ und die angenehmen Seiten des Daseins genießt. Nichts geht ihm daher mehr gegen die Natur, als sich mit den Leiden und Schmerzen, Schwierigkeiten und Nöten anderer befassen zu müssen.

Doch wir wollen des Grundsatzes eingedenk bleiben, daß jeder Typus „ambivalent“ ist, d.h. gleichermaßen gute und schlechte Seiten enthält, so daß es eben unsere Aufgabe ist, die schlechten Seiten umzuwandeln und die guten weiter zu entwickeln. Wir wollen daher nun die positiven Möglichkeiten des Sanguinikers betrachten: Wenn es ihm gelingt, zur Weite seines Bewußtseins und zur Leichtigkeit seines Denkvermögens auch noch die entsprechende Tiefe der Empfindung und Gründlichkeit der Einsicht zu entwickeln, dann wird er in besonders segensreicher und erfreulicher Weise wirken können und vor allem den notwendigen Ausgleich zur Härte und Gewaltsamkeit des Willensmenschen bilden.

Als „unerschütterlicher Optimist“ wird er dann überall ermutigend und aufrichtend, anspornend und weiterhelfend einspringen, wo Menschen verzagen und den Mut verlieren. In echter innerer Gelöstheit und Herzensfröhlichkeit wird er zum erquickenden Kraftquell aller „Mühseligen und Beladenen“, indem er mit einem erlösenden Scherzwort gespannte Situationen „entgiftet“ und aus der geistigen Überlegenheit aufblitzender Intuition selbst hoffungslos verfahren erscheinende Schwierigkeiten meistert, denen mit noch so gründlicher verstandesmäßiger Überlegung nicht beizukommen war.

Sanguinische Frauen sind einerseits wegen ihrer unbeschwerten Leichtlebigkeit allgemein beliebt, andererseits aber finden sie schwer einen passenden Ehepartner, denn die meisten Männer haben es nicht gerne, wenn ihre Frau gescheiter ist als sie selbst.

Auch sanguinische Menschen sind besonders freiheitsliebend und lassen sich nicht in festgelegte Grenzen einengen. Doch brauchen sie sich kaum direkt gegen Zwang und Begrenzung zu wehren, weil sie es verstehen, sich jedem Zwang elegant zu entziehen und in so netter Weise über die Stränge zu schlagen, daß man ihnen einfach nicht böse sein kann. Fühlen sie sich allerdings in die Enge getrieben, werden sie zu schlauen Fallenstellern und hinterhältigen Intriganten.

Werden die Sanguiniker aber von der Gemeinschaft akzeptiert, entwickeln sie als „Hans Dampf in allen Gassen“ eine unermüdliche Betriebsamkeit und können unwahrscheinlich erfindungsreich sein. Sie brauchen aber auch ständig irgendwelche Auszeichnungen und Ehrungen als Bestätigung ihrer Wichtigkeit und Bedeutung.

Auch der Sanguiniker trägt das Haupt hoch, aber besonders beweglich, stets nach allen Seiten beobachtend, immer neuen Eindrücken zugewandt. So ist seine ganze Haltung stets aufnahmebereit und allseitig interessiert. Sein Körper ist schlank und zart, besonders feingliedrig und leicht gebaut. Die Bewegungen sind entsprechend flüssig und wendig, harmonisch und spielerisch, können aber auch nervös und hastig werden.

Der Gang ist elastisch und beschwingt bis tänzerisch („gazellenhaft“), in kurzem, schnellem Rhythmus, niemals langsam oder gar gemütlich (auch beim Warten nicht ruhig auf einem Fleck stehend, sondern hin und her gehend oder wenigstens auf der Stelle tretend). Die Stimme ist hell, eindringlich (klingend) oder aufdringlich („blechern“); sie umfaßt alle Register der Rhetorik vom salbungsvollen „Predigtton“ bis zum schneidenden Diskant spitzfindiger Dialektik, von der unbeteiligten Kühle rein sachlicher Ausführungen bis zur suggestiven Gewalt, die im „Brustton der Überzeugung“ liegt.

3. Phlegmatisches Temperament *)

Der Phlegmatiker
(Wasser)

Der „Gegentypus“ des Cholerikers ist der „Gefühlsmensch“. Daß er dem Grundelement Wasser entspricht, ist naheliegend und daher ebenfalls in der Sprachbildung veranschaulicht: Ein Mensch hat „nah ans Wasser gebaut“, hat „ein überfließendes Herz“, ist „in Tränen aufgelöst“, „zerfließt vor Rührung“, erlebt „hochschlagende Wellen“ der Freude oder eine „Flut von Empfindungen“ usw.

Anmerkung

*) Diese Bezeichnung ist ebenso wie der Ausdruck „Melancholiker“ nicht eindeutig, so daß man beide Benennungen auch auswechseln kann. Wir haben hier die „klassische“ Zuordnung gebraucht, obwohl sie in mancher Hinsicht schwer verständlich ist. Wohlgemerkt besteht die Unklarheit nur bei der Benennung; die gekennzeichneten Typen selbst sind durchaus eindeutig und klar bestimmbar, ebenso wie die Analogie zu den Grundelementen „Wasser“ und „Erde“ zweifelsfrei deutlich ist.

Wie das Feuer stets geradewegs nach oben strebt und sich durch jeden Widerstand hindurchfrißt, so wählt der Willensmensch stets den geraden und direkten Weg, und seine Gewalt wächst am Widerstand; wie das Wasser stets nach unten fließt und alle Widerstände umgeht (allerdings dabei einen gewaltigen Druck entfalten und durch stetige Dauereinwirkung auch den härtesten Fels aushöhlen kann), so zieht es den Gefühlsmenschen zu den Tiefen des Lebens, zum Geheimnisvollen, Unergründlichen. Er wählt den Weg des geringsten Widerstandes, weiß aber auf geschickten Umwegen doch zu seinem Ziel zu gelangen und durch geduldige „sanfte Gewalt" sich durchzusetzen. Er „bricht" den Widerstand nicht, aber er „biegt" so lange an der Sache herum, bis auch der sprödeste Stoff und der hartnäckigste Mensch schließlich „weich" geworden ist und nachgibt.

Und wenn der Sanguiniker gerne unbeteiligt „über den Dingen schwebt", so läßt sich der Phlegmatiker umgekehrt durch seine Stimmungsabhängigkeit und Schwerblütigkeit überall mit hineinziehen, wird von allem tief berührt und erfährt fremdes Leid wie sein eigenes. Ja, selbst wenn es ihm persönlich gut geht, vertieft er sich in das „große Weltleid", dann fließt er über vor Mitleid und fühlt sich eigentlich erst richtig wohl, wenn er ungehemmt jammern, sich über die Bosheit der Menschen und die Ungerechtigkeit des Schicksals beklagen oder in schmerzlicher Resignation die Sinnlosigkeit des Lebens betrauern kann. Er ist „rührselig" im wahrsten Sinne des Wortes: nur „selig", wenn er „gerührt" sein kann. Findet er doch einmal Anlaß zur Freude, so wird er sich ihr in gleicher Überschwenglichkeit hingeben, um jedoch bald wieder in sein Grundgefühl pessimistischer Passivität und Ängstlichkeit zurückzusinken. Dabei bleibt ihm die Größe echter Schicksalstragik fremd, und zu wirklich tatkräftiger Hilfeleistung fehlt es ihm an Kraft, selbst wenn er helfen möchte.

So bleibt eben alles im Wünschen stecken und kommt nicht zum Entschluß, bleibt Sehnsucht, die keine Erfüllung findet; denn im Grunde ist der Phlegmatiker trotz seines „Weltschmerzes“ viel zu eng begrenzt und kleinlich und trotz seiner „aufopfernden Hingabe“ viel zu selbstbezogen, um in einer wirklichen Opfertat über sich selbst hinauszuwachsen und eine weitreichende Entscheidung herbeiführen zu können. Er ist viel zu weichlich und träge, viel zu leicht verwundbar und empfindlich, um seine Wunschbilder in der Tat realisieren, seine erträumten Ideale verwirklichen zu können.

Der große Wert des Gefühlsmenschen liegt jedoch, wenn er zu echter Gemütstiefe gelangt ist, im positiven Gegengewicht Flüchtigkeit und unpersönlichen Sachlichkeit des Bewußtseinsmenschen: Er sorgt für die Vertiefung und Bereicherung des Lebens, indem er das Geschehen zum inneren Erlebnis werden läßt und aus der überströmenden Wärme seines Gefühls stets jene heimelige, persönliche Atmosphäre zu schaffen sucht, in der man sich so wohl geborgen und behaglich fühlen kann wie im Kreise lieber Freunde.

Sein reiches Gefühlsleben und sein starkes Bedürfnis nach Schönheit und Harmonie bedingen auch seine besonders fruchtbare Beziehung zur Kunst im allgemeinen und zur Musik im besonderen. So groß wie das Liebes- und Anlehnungsbedürfnis des Gefühlsmenschen ist, so stark kann auch die Wirkung seiner liebevollen und anpassungsfähigen, besänftigenden und behütenden Wesensart sein. Ausgeprägtes soziales Empfinden, Nachgiebigkeit und verständnisvolles Eingehen auf den anderen machen ihn besonders geeignet für vermittelnde und ausgleichende, pflegerische und heilende Tätigkeit.

Da jeder Phlegmatiker gewissermaßen etwas Mütterliches an sich hat, wirken phlegmatische Frauen ganz besonders weiblich und gelten bei vielen Männern als die idealen Partnerinnen. Dies um so mehr, als bei phlegmatischen Menschen weder Freiheitsdrang noch Geltungsstreben besonders ausgeprägt sind. So ist ihre Gutmütigkeit gleichsam die „Watte“, in die man die Choleriker packen muß. Und ihre Verständigungsbereitschaft ist das „Fangnetz“ für die Gedankensprünge der Sanguiniker.

Allerdings ist die Gesundheit der Gefühlsmenschen oft gefährdet, denn sie können sich nicht aggressiv nach außen entladen wie die Choleriker oder einfach alles abschütteln wie die Sanguiniker, sondern sie werden ihren Kummer in sich hineinfressen oder in Resignation verfallen. Darum ist es für phlegmatische Menschen ganz besonders wichtig, daß sie sich in ihrer Umgebung wohl fühlen und mit allen Mitmenschen gut stehen. Dann gehen sie sozusagen auf wie „Hefeteig", das heißt, sie geben tatsächlich der ganzen Gemeinschaft einen stetigen Auftrieb und starken Rückhalt.

Die Kopfhaltung ist leicht geneigt, die Körperhaltung lässig, „alles hängen lassend", die Gebärde entweder ängstlich, sich „ins Schneckenhaus zurückziehend", oder hingebungsvoll und anschmiegsam. Gelöste, fließende Bewegungen unterstreichen das Weiche, Rundliche und Füllige der Gestalt; doch können die Bewegungen auch durch Ängstlichkeit gehemmt und unsicher werden. Der Gang ist zögernd, manchmal sogar schleppend, mit kleinen Schritten vorsichtig auftretend („auf leisen Sohlen wandelnd"). Die Stimme ist dunkel, meist leise, gefühlvoll und melodisch (mit viel „Schmelz", der Volksmund sagt auch „Schmalz"), so daß man zusammenfassend charakterisieren kann: äußerlich „mollig", innerlich in „moll" gestimmt.

4. Melancholisches Temperament

Der Melancholiker
(Erde)

Der „Gegentypus" des Sanguinikers ist der „Gestaltungsmensch", indem er der Unruhe und Flüchtigkeit des Bewußtseinsmenschen seine durch nichts zu erschütternde Gelassenheit und Gleichmäßigkeit entgegensetzt. Dadurch ist er dem Grundelement „Erde" besonders verwandt, wovon auch die Sprache weiß: eine „felsenfeste" Haltung, ein „harter Brokken", „bei ihm beißt man auf Granit", „tiefschürfend, grundlegend, fundamental" usw. (auch die Wortzusammensetzungen mit „Erz..." - Erzherzog, Erzbischof usw. - gehören hierher, denn dadurch soll das Angestammte, Unabänderliche, Unbedingte ausgedrückt werden).

Wie der Choleriker und der Sanguiniker viele Ähnlichkeiten aufweisen, so haben auch der Phlegmatiker und der Melancholiker vieles gemeinsam: Beide sind langsam und bedächtig, tiefgründig und schwer. Und dennoch ist auch das Gemeinsame beim Melancholiker andersartig ausgeprägt; er ist niemals schwankend und unentschlossen, sondern sehr selbstsicher und geradlinig, standfest und beständig; niemals gefühlsbetont und stimmungsunterworfen, sondern eher gefühlsarm, primitiv, sehr schwer zu beeinflussen und umzustimmen; niemals weich und nachgiebig, sondern hart und konsequent bis zur Starrköpfigkeit; weniger schwerblütig als vielmehr schwermütig.

Seine eigenen Antriebskräfte sind gering, weil seine Energie sich nicht in selbständiger Initiative und Impulsivität äußert, sondern in der Beharrlichkeit und, wenn es sein muß, sogar Verbissenheit bei der Durchführung bereits begonnener Aktionen. Das kommt daher, daß er viel zu sehr von seiner eigenen inneren Problematik in Anspruch genommen, viel zu grüblerisch und umständlich ist, um selbst führen zu können, - daß er aber um so dankbarer für eine energische und zielsichere Führung ist, die seinen nach Formung und Ordnung verlangenden Schaffensdrang in die richtigen Bahnen lenkt und ihn so in der Arbeit „sich selbst vergessen" und „über sich hinauswachsen" läßt.

Der Melancholiker ist also weniger zum Vorgesetzten geeignet und kann keinesfalls eine Position ausfüllen, in der es auf Urteilsfähigkeit und Planung, Entschlußkraft und Wendigkeit ankommt. Seine Stärke liegt vielmehr im genauen, ausdauernden und sorgfältigen Befolgen gegebener Anweisungen, die weder rasches Denken noch schnelle Bewegungen erfordern. Er kann nicht aus sich heraus Bahn brechen und aufbauen, wohl aber wuchtig nachstoßen und eingehend ausgestalten.

Der Gestaltungsmensch ist insbesondere der Typus des bodenständigen, erdverwurzelten, bäuerlichen Menschen, der stark traditionsgebunden, an seinem Besitz hängend, an festen Sitten und Gewohnheiten haftend, in sich ruhend und beharrlich, anspruchslos und von außerordentlicher Zähigkeit den immer wiederkehrenden Wechsel von Sommer und Winter, Saat und Ernte, Sonnenschein und Hagelschlag in unerschütterlichem Gleichmaß durchsteht.

Ebenso ist der Typus des „subalternen Beamten", der in gewissenhafter Genauigkeit seine „Vorschriften" befolgt und um keinen Preis von dem durch Paragraphen eingezäunten „Instanzenweg" abweicht, - der allerdings auch oftmals durch seine Engstirnigkeit und Kleinlichkeit, Kaltschnäuzigkeit und „Sturheit" denkende und fühlende Menschen zur Verzweiflung bringen kann. Seine konservative Haltung kann eben auch zur Rückständigkeit und dogmatischen Intoleranz, seine Langsamkeit zur unbelehrbaren Schwerfälligkeit werden.

Darum bedarf gerade dieser Typus ständiger starker Antriebe von außen, sei es durch die zwingenden Anforderungen der Lebensnotwendigkeiten, sei es durch die strikten Anordnungen seiner Vorgesetzten; außerdem muß er ungestört arbeiten können und seine Ruhe haben. Sind diese Bedingungen jedoch erfüllt, dann ist er auf Grund seiner Zuverlässigkeit und Unermüdlichkeit eine sehr wertvolle, geradezu unentbehrliche Arbeitskraft. Sein Idealbild ist - symbolisch gesprochen - der zwar harte, aber klar geformte, durchsichtige Kristall, der sich aus dem schweren, unförmigen und undurchlässigen Gestein herausgebildet hat.

Melancholische Frauen sind also jene aufopfernden Mütter und geschäftigen Hausfrauen, die ihre Männer und Kinder maßlos verwöhnen. Oder sie sind jene unverheirateten älteren Mitarbeiterinnen, die durch ihre unwahrscheinliche Tüchtigkeit zur „Seele des Betriebes" geworden sind.

Ob Frauen oder Männer, Tatmenschen sind körperlich und seelisch gleichermaßen robust, unverwüstlich und unermüdlich schaffend bis ins höchste Alter hinein. Sie sind tatsächlich auch unersetzlich, denn Choleriker und Sanguiniker sind Führungstypen, die andere zum Arbeiten bringen, die Phlegmatiker aber kommen vor lauter Gefühlsbeanspruchung kaum zum Arbeiten, - wer also würde überhaupt unsere Arbeit tun, wenn es keine Melancholiker gäbe?

Der Kopf ist vorgeneigt oder zwischen den Schultern eingezogen. Seine Haltung ist ruhig, aber nicht lässig, abwartend, einsatzbereit. Sein Körper ist gedrungen und kräftig, breit und „kantig“ (besonders stark betontes Knochengerüst). Seine Bewegungen sind gemessen und bedächtig, entweder fest zugreifend und zielsicher oder unbestimmt. Er ist besonders sparsam im Ausdruck, unbewegt, von „stoischer Ruhe“. Sein Gang ist langsam und gleichmäßig schreitend, mit steifen Beinen fest auftretend. Die Stimme ist tief und laut, meist etwas rauh; die Sprache ist kurz und abgehackt, oft unartikuliert und „holprig“. Am liebsten wird geschwiegen; wenn aber doch einmal (etwa unter Alkoholeinwirkung) mehr als üblich von der Stimme Gebrauch gemacht wird, dann wird daraus leicht ein hemmungsloses „Gröhlen“.

Tabelle III
Die vierfache Typeneinteilung

cholerisch	**sanguinisch**	**phlegmatisch**	**melancholisch**
Feuer	Luft	Wasser	Erde
strahlend	gasförmig	flüssig	fest
„warm“	„trocken“	„feucht“	„kalt“
Explosion	Expansion	Diffusion	Konzentration
(Strahlung)	(Ausdehnung)	(Lösung)	(Verdichtung)
Wollen	Denken	Fühlen	Gestalten
impulsiv	reflektiv	emotional	reaktiv
affektiv	agil	sensibel	konstant
(aufbrausend)	(beschwingt)	(empfindsam)	(verharrend)
dynamisch	motorisch	labil	statisch
(treibend)	(bewegend)	(schwankend)	(gefestigt)
Revolution	Evolution	Reformation	Reaktion
energiegeladener Willensmensch	intellektueller Bewußtseinsmensch	weicher Gefühlsmensch	harter Tatmensch

E. Die zwölffache Einteilung

Die zwölffache Einteilung ist noch älter als die vierfache: sie reicht in die babylonisch-chaldäische Zeit zurück. Und wie der vierfachen Einteilung die Analogie mit den vier Elementen zugrunde liegt, so der zwölffachen Einteilung die Analogie mit den zwölf Sternbildern des sogenannten Tierkreises, welche die Sonne in den zwölf Monaten des Jahres durchläuft. Heute ist diese Einteilung wieder ganz modern, ja geradezu zur „großen Mode" geworden, so daß die volkstümliche Charakterisierung von Menschen nicht nach Temperament oder Konstitution, sondern eben nach „Sternbildern" erfolgt. Man hört kaum Beschreibungen wie „er ist ein schlankwüchsiger Choleriker" oder „sie ist eine rundliche Melancholikerin", sondern man hört fast nur noch „Schütze sucht Krebs - Frau" oder „sie ist Löwin, er Steinbock - das kann ja nicht gutgehen".

Daß damit - wie mit allen halbverstandenen Teilwahrheiten - viel Unfug getrieben wird, ist offensichtlich. Und ob die Grundlagen und Schlußfolgerungen der mit diesen Beziehungen zur Sternenwelt operierenden Astrologie zutreffend bzw. berechtigt sind oder nicht, das steht hier überhaupt nicht zur Debatte, denn astrologische Gesichtspunkte bleiben bei unserer Beschreibung der zwölf Typen außer Betracht.

Uns interessiert hier allein die psychologische Brauchbarkeit der zwölffachen Typeneinteilung ; und die zwölf „Tierkreiszeichen" bedeuten für uns lediglich eine Symbolisierung der entsprechenden Menschentypen, so wie die vier „Elemente" eine Symbolisierung der vier Temperamente bedeuten.

Wir müssen allerdings zugeben, daß die Babylonier und Chaldäer mindestens ebenso gute Natur- und Menschenbeobachter gewesen sind wie die alten Griechen, denn - wie wir gleich sehen werden - jene zwölf Tierkreiszeichen stellen in der Tat eine derart treffende Charakterisierung der betreffenden Typen gerade vom psychologischen Standpunkt aus dar, daß man das Gesamtbild der einzelnen Typen sicherlich nicht besser und anschaulicher kennzeichnen könnte. Und wir müssen weiterhin zugeben: Dadurch, daß die Sonne im Laufe eines Jahres sämtliche zwölf Sternbilder des sogenannten „Tierkreises“ durchläuft, wobei das Durchlaufen eines Sternbildes einen Monat dauert, besteht tatsächlich eine gewisse Parallele zwischen diesen zwölf Abschnitten des Jahresablaufes und den hier behandelten zwölf psychologischen Typen.

Auf Grund dieser Gleichläufigkeit hat man nun in mehr oder weniger oberflächlicher Weise den Geburtsmonat bzw. das in demselben Zeitraum von der Sonne durchlaufene Sternbild mit den Symbolen der entsprechenden psychologischen Typen in direkte Beziehung gebracht und daraus Zusammenhänge konstruiert, ja sogar Voraussagen abgeleitet, die weder mit Psychologie noch mit Astrologie etwas zu tun haben und die daher keinesfalls mit den hier beschriebenen charakterologischen Persönlichkeitsbildern zu verwechseln sind.

Der Leser sollte also scharf unterscheiden zwischen dem, was er in Tageszeitungen, Illustrierten usw. über „sein Sternzeichen“ liest, und dem, was hier bzw. in den entsprechenden Quellenwerken über die tatsächlichen kosmo-biologischen und kosmo-psychologischen Zusammenhänge erarbeitet wurde. Diese Zusammenhänge sind doch etwas zu kompliziert und umfassend, um in wenigen Zeilen dargestellt werden zu können, weshalb hier - wie gesagt - überhaupt nicht darauf eingegangen und der ernsthaft interessierte Leser auf das Literaturverzeichnis hingewiesen wird.

Wie ist nun diese zwölffache typologische Einteilung überhaupt entstanden? Sie ist einfach eine Kombination der vierfachen Einteilung in die vier Temperamente bzw. Elemente und der dreifachen Einteilung nach der im Konstitutionsbild wirksamen Formgesetzlichkeit. Die Wirksamkeit dieser Formgesetzlichkeit ist nämlich noch tiefgreifender und weitreichender, als in der oben gegebenen Kurz-Beschreibung der Konstitutionstypen zum Ausdruck kam, sie bietet geradezu einen

Universalschlüssel für das Erkennen der Wesensmerkmale aus dem Erscheinungsbild.

Daraus ergibt sich das *siebte Grundgesetz der Menschenkenntnis:*

> Sowohl die menschliche Gestalt als Ganzes als auch jeder Einzelteil derselben ist stets dreifach gegliedert. Diese äußere Dreiteilung spiegelt den folgenden inneren Zusammenhang:
>
> a) Oben = Geist, d.h. das Ideelle, Gedankliche und Empfindende (mental-spirituell)
>
> b) Mitte = Seele, d.h. das Gemüthafte, Verbindende und Vermittelnde (psychisch)
>
> c) Unten = Körper, d. h. das Materielle, Stoffliche und Plastische (physisch)

Dieses Gesetz ist von allgemeiner Gültigkeit. Ob wir die Einteilung des ganzen Leibes in Kopf - Rumpf - Gliedmaßen, des Kopfes in Schädel - Mittelgesicht - Kinnpartie, der Nase in Wurzel - Rücken - Spitze, des Armes in Oberarm - Unterarm - Hand, eines Fingers in Grund-, Mittel- und Endglied nehmen: stets ist das gleiche Formgesetz wirksam und gilt die gleiche Beziehung.

Ja, das für den räumlichen Aufbau Gültige bestimmt auch die zeitliche Entwicklung in gleicher Weise, so daß wir die räumliche Einteilung von Oben - Mitte - Unten in direkte Analogie mit dem zeitlichen Ablauf von Zukunft - Gegenwart - Vergangenheit bringen können:

> Zukunft - das Kommende, Keimende, Drängende (Impuls)

Gegenwart - das Daseiende, Lebendige, sich Wandelnde (Prozeß)

Vergangenheit - das Gewesene, „Verwesende“, Verfestigte (Effekt).

Man kann also an der Formensprache der menschlichen Leibesgestalt nicht nur den jeweils vorherrschenden Lebens- bzw. Funktionsbereich erkennen, sondern auch die im Vordergrund stehende Entwicklungsphase; besonders deutlich kommt dies im wechselnden Größen- und Formverhältnis von Kopf, Rumpf und Gliedern beim heranwachsenden Menschen zum Ausdruck. Aber auch beim erwachsenen Menschen wird die Plastik der verschiedenen Körperteile wesentlich von seinem geistig-seelischen Reifegrad mitgeprägt, so daß man sehr wohl erkennen kann, ob er mehr „zukünftig“ und „seiner Zeit voraus“ ist oder voll und ganz in der Gegenwart lebt oder mehr rückwärts gewandt am Vergangenen haftet.

Der zwölffachen Einteilung liegen - wie gesagt - die vier Temperamente bzw. Elemente zugrunde (I-II-III-IV), die jeweils nach dem soeben beschriebenen Schlüssel dreifach unterteilt sind (a-b-c):

Tabelle IV

Psychische Grund–Tendenz	I Freiheit WILLE	II Gebundenheit GESTALTUNG	III Verbindung BEWUSSTHEIT	IV Eigensein GEFÜHL
Elementares Symbol	energetisch FEUER	fest ERDE	beweglich LUFT	fließend WASSER
a Körperlich–materielle Schicht	Ia *Freiheit des Wirkens:* Unabhängigkeit, Selbständigkeit, Entschlußfreudigkeit *Selbstbehauptungswille* Angriff, Vorstoß, Durch–bruch, Befreiung, Erneuerung „Pionier"	IIa *Materielle Bindung:* Sicherheitsbedürfnis, Besitzstreben, Beharrung, Verwurzelung *Gegenständliche Gestaltung:* Stoffliche Formgebung, reale Wirksamkeit, Wucht und Ausdauer Produktions-Arbeit	IIIa *Intellektuelle Verbindung:* Vielseitigkeit, Umtriebigkeit, Vermittlung, Austausch *Rationales, analytisches Bewußtsein:* Interessiertheit und Orientiertheit, Zerstreutheit, Zersplitterung Zwiespältigkeit	IVa *Eigenleben:* Einfühlung, Empfindlichkeit, rasche Entmutigung, Anlehnungsbedürfnis *Ich-Bewahrung:* In-sich-selbst-Zurückziehen, Stimmungsabhängigkeit, Ängstlichkeit Verteidigungshaltung
Astrales Symbol	WIDDER	STIER	ZWILLINGE	KREBS
b Seelisch-gemüthafte Schicht	Ib *Freiheit des Herzens:* Führungsfähigkeit, Herrschertum, Großmut *Selbstentfaltungswille:* Selbstsicherheit, Liebe zum Leben und Genuß, Freigiebigkeit, „aus dem Vollen schöpfen" „Souverän"	IIb *Formelle Bindung:* Ordnungsstreben, Haften an „Grundsätzen", Dienst am Einzelnen *Methodische Gestaltung:* Eingliedern, Sammeln, Zuordnen, Sorgfalt und Gründlichkeit Organisations-Arbeit	IIIb *Ideelle Verbindung:* Gemeinsamkeit des Erlebens, Friedfertigkeit, Anpassungsfähigkeit *Ästhetisches, synthetisches Bewußtsein:* Schönheitssinn, Kunst und Rhythmus, Streben nach Harmonie durch Ausgleich der Zweiseitigkeit	IVb *Eigensinn:* Kritik und Widerspruch, revolutionäre Gesinnung, innerer Widerstreit *Ich-Betonung:* Selbstrechtfertigung, Geltungsstreben, Radikalismus, starke Gegensatz-Spannung Protesthaltung
Astrales Symbol	LÖWE	JUNGFRAU	WAAGE	SKORPION
c Geistig-ideelle Schicht	Ic *Freiheit des Geistes:* Gewissensfreiheit, Gerechtigkeit, hohe Ideale *Selbstvollendungswille:* Ungebundenheit, Begeisterungsfähigkeit, Verantwortlichkeit, Zielstrebigkeit, Drang in die Ferne „Richter und Richtungsweiser"	IIc *Prinzipielle Gebundenheit:* Begriffliche Formfassung, Systematik, Abstraktion *Gedankliche Gestaltung:* Klarheit, Klugheit, Umsicht, Ideenreichtum, Konzentration und Tiefgründigkeit konstruktive Arbeit	IIIc *Universelle Verbundenheit:* Menschenliebe, Freundschaft, weltweite Beziehungen *Irrationales, integrierendes Bewußtsein:* Liebe zum Außergewöhnlichen und Besonderen, Erfindungen, schöpferische Ideen, Wandlungsfähigkeit Allseitigkeit	IVc *Eigenwelt:* Einsamkeit, „Enthobenheit" Mystik, „Aufgehen im All-Einen", Phantasie *Ich-Hingabe:* Empfänglichkeit, Hilfsbereitschaft, Dienst am Ganzen, Unterordnung, „Selbstverleugnung" als Lebenserfüllung Opferhaltung
Astrales Symbol	SCHÜTZE	STEINBOCK	WASSERMANN	FISCHE

Damit ist also der Rahmen dieser zwölf Typen bestimmt, die Variationsbreite ihres charakteristischen Ausdrucks und Verhaltens gekennzeichnet. Nun soll das daraus sich ergebende Gesamtbild der einzelnen Typen noch etwas näher beschrieben werden. Doch sei zuvor nochmals darauf hingewiesen, daß man in der Praxis kaum reine Typen findet, vielmehr stellen die meisten Menschen eine Kombination aus zwei oder gar mehreren Typen dar.

1. Der Ia-Typus („Widder") als der hauptsächlich auf das Materielle gerichtete Willensmensch setzt sich mit ganzer Kraft für reale, greifbare Ziele ein. Er benützt daher seine meist sehr hoch entwickelte Intelligenz nicht etwa dazu, sich abstrakten philosophischen Gedankengängen oder religiösen Vorstellungen hinzugeben, sondern dazu, Nützliches zu ersinnen, Reformen und Verbesserungen auf allen Gebieten zu planen und mit der ihm eigenen „Stoßkraft" auch tatsächlich durchzusetzen.

Er ist also ein ausgesprochener Praktiker, doch keiner, der ohne Überlegung einfach „drauflosexperimentiert", sondern ein durchaus auch auf besonders sorgfältige theoretische Vorbereitung bedachter Organisator, Konstrukteur und Unternehmer. Er wird dadurch besonders erfolgreich, daß er nicht nur klar und sachlich denken kann, sondern auch eine große Begeisterungsfähigkeit und Einsatzbereitschaft besitzt, so daß er seinem Wollen auch den notwendigen Nachdruck verleihen kann.

Die Frauen dieses Typus sind weniger häuslich, zeigen vielmehr Sinn für Wissenschaft, Wirtschaft und sogar „Große Politik"; sie haben überhaupt männliche Neigungen und in der Ehe meist „die Hosen an".

Ganz allgemein ist der „Widder"-Mensch ziemlich angriffslustig und wird nur durch seine ausgeprägte Klugheit daran gehindert, allzuoft „mit dem Kopf durch die Wand" gehen zu wollen.

Er hat eine etwas rauhe Schale und ist leicht „verbockt", auch befiehlt und fordert er gerne und ordnet sich nicht leicht unter. Da er jedoch im Grunde unkompliziert und freimütig ist, kann man gut mit ihm auskommen, wenn man ihn respektiert und ihm Gelegenheit gibt, seine Schwungkraft in positiver Weise auswirken zu können.

Abb Ia

2. Der Ib-Typus („Löwe“) als der seelische-gemüthafte Willensmensch ist ebenfalls ein ausgesprochen aktiver, tatkräftiger Typus, der sich in jeder Weise durchzusetzen versteht. Doch wirkt er dabei weit weniger gewaltsam und kämpferisch als der „Widder“, weil er als „geborener Herrscher“ allein durch die suggestive Kraft seiner Persönlichkeit und die bezwingende Sicherheit seines Auftretens die Menschen gewinnt und beherrscht. Wo er auch hinkommt, steht er im Mittelpunkt und bildet gewissermaßen das Kraftzentrum, um das sich alles dreht.

Doch wird er diese natürliche Machtstellung selten in egoistischer Weise ausnützen, sondern umgekehrt aus der reichen Fülle seines Herzens gerne mitteilen und Freude spenden. Er braucht in seiner Umgebung nicht nur äußeren Glanz, nicht nur einen „standesgemäßen“ Rahmen, sondern liebt vor allem die innere Wärme und Dankbarkeit der von ihm Beschenkten und Gelenkten.

Dabei geht es ihm mehr um das Allgemeinmenschliche und Prinzipielle, weniger um das Eng-Persönliche und den besonderen Einzelfall. Darum ist er wegen seiner Weisheit und Gerechtigkeit geachtet und für alle führenden Berufe besonders geeignet. Dazu ist er wegen seiner Kinderliebe und Herzenswärme ein idealer Familienvater und allseits beliebter „guter Onkel".

Dies gilt natürlich noch mehr für die „Löwe"-Frau, die in der Tat eine Lebensgefährtin bedeutet, die nichts zu wünschen übrig läßt.

Nur seine starke Sinnenfreudigkeit und Genußliebe kann dem „Löwen" gefährlich werden, indem er dadurch, wenn er den inneren Halt verliert, oftmals zum hemmungslosen „Lebemann" und „Genießer" oder zur „Halbweltdame" wird. Alles in allem ist dieser Typus ein besonders glücklicher und erfreulicher, dessen schöpferische Kraft und belebende, befruchtende Wirkung um so reichere Entfaltungsmöglichkeiten finden wird, je freier und selbständiger seine Stellung ist.

Abb. Ib

3. Der Ic-Typus („Schütze") als der geistig-ideell gerichtete Willensmensch besitzt ebenfalls eine hochentwickelte Intelligenz und ein starkes Durchsetzungsvermögen, doch betätigt er sich weniger im technisch-wirtschaftlichen, als vielmehr im

sozialen und religiösen Bereich. Weil er selbst unbedingt klar und geradlinig, wahrhaftig und konsequent ist, also „keinen Fingerbreit“ vom rechten Wege abweicht und alle Halbwahrheiten, Unklarheiten und Konzessionen ablehnt, darum verlangt er das gleiche auch von anderen. Er ist daher ein Gerechtigkeitsfanatiker, der durch seinen unnachgiebigen Rechtsstandpunkt und seine rücksichtslose Offenheit oft „anstößt“, ja geradezu hart und herzlos erscheint. Weil er nicht „ab- und zu-geben“ und keine „Umwege“ gehen kann, bereitet er sich und anderen oft unnötige Schwierigkeiten. Er ist besonders freiheitsliebend: Seine persönliche Unabhängigkeit geht ihm über alles. Ebenso treibt es ihn in die Ferne, sei es als Forscher und Weltreisender in die Weite des irdischen Raumes, sei es als Philosoph oder Theologe in die Unendlichkeit kosmischer und „himmlischer“ Bereiche.

Außerdem legt er großen Wert auf Gesundheit und körperliche Leistungsfähigkeit und liebt vor allem die schnelle Bewegung jeder Art; darum ist er oft ein begeisterter Flieger oder Sportler, Reiter oder Autofahrer. Doch wird er sich bei aller Begeisterungsfähigkeit niemals „bloßstellen“ und zu ungezügelter Leidenschaftlichkeit hinreißen lassen.

Sein stolzes und ruhiges Sich-selbst-Genügen ist verbunden mit einer selbstverständlichen Gebefreudigkeit, die bestrebt ist, jedem das ihm Gebührende zukommen zu lassen. Gerechtigkeitssinn und Zielstrebigkeit, großer Idealismus und absolute Zuverlässigkeit, Unbestechlichkeit und Treue machen den „Schütze“-Menschen - wenn seine Strenge und Härte durch weisheitsvolle Lebensreife gemildert ist - zu einem sehr wertvollen Partner, sowohl in der Ehe als auch im Geschäft.

Abb. Ic

4. Der IIa-Typus („Stier“) als materiell betonter Gestaltungsmensch ist ganz besonders erdverbunden und tatkräftig. Wuchtig und „massig“ in jeder Hinsicht, ist er zwar schwer beweglich und bedächtig; ist er aber einmal „in Fahrt“, dann kann ihn nichts mehr aufhalten und ablenken. Mit ruhiger und geballter Kraft und zäher Ausdauer wird er alle Widerstände überwinden und sich schließlich unter allen Umständen durchsetzen.

Dabei wirkt er keineswegs gewalttätig und schroff, er kann vielmehr durchaus freundlich, entgegenkommend und liebenswürdig sein, ja sogar kindlich naiv erscheinen. Aber gerade dadurch erreicht er meistens mehr als ein anderer mit Gewalt, zumal da er mit beständiger Beharrlichkeit den eingeschlagenen Weg verfolgt und nicht ruht, bis das gesteckte Ziel erreicht ist. Er kann sich allerdings auch allzusehr darauf versteifen und in unbelehrbarem Eigensinn verharren.

Er ist voll froher, unkomplizierter Sinnlichkeit und Lebensfreude, liebt die Natur und alles Natürliche: die blühende und fruchttragende Erde ebenso wie schöne und vollerblühte Menschenkinder. Er ist für leibliche Genüsse jeder Art zu haben und braucht daher einen gewissen Wohlstand und eine harmonische, geordnete Häuslichkeit. Aber er ist ein Feind jeder Übertreibung und Maßlosigkeit, so daß seine Genußliebe selten zur Genußsucht entarten wird und er trotz seiner Sinnlichkeit und Lebensfreude kaum in Gefahr kommt, in dumpfe Triebhaftigkeit oder gar schwüle Erotik abzusinken.

Insgesamt ist er also der Typus, der nicht nur mit beiden Beinen fest auf der Erde steht, sondern auch mit beiden Händen entweder als bäuerlicher Mensch tüchtig auf seiner Scholle schafft oder als bildender Künstler die Erde veredelnd formt.

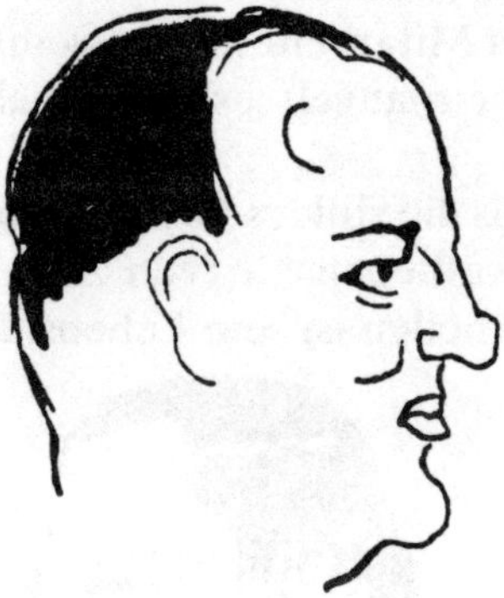

Abb.IIa

5. Der IIb-Typus („Jungfrau“) als der seelenhafte Gestaltungsmensch ist zwar sehr feinsinning und empfindsam, aber dennoch nicht etwa zart und verletzlich. Er ist zwar etwas „zimperlich“ und tatsächlich leicht anfällig, aber sehr zäh, von großer Leidensfähigkeit und Geduld. Er ist besonders fleißig, rastlos tätig und in unermüdlicher Wirksamkeit bemüht, die eigene hochentwickelte Innerlichkeit auf die Außenwelt zu übertragen. Daher kommt die außergewöhnliche Ordentlichkeit, Ordnungsliebe und ordnende Kraft dieses Typus, wodurch er für alle organisatorischen, verwaltenden und registrierenden Tätigkeiten besonders geeignet ist.

Sein Ideal innerer und äußerer Reinheit und Reinlichkeit, seine von keinerlei unklaren Gefühlen getrübte Sachlichkeit und Unparteilichkeit ergeben außerdem die besondere Eignung für pädagogische, soziale und heilende Berufe. Hierbei kommen allerdings weniger führende Stellungen als vielmehr mittlere ausübende Tätigkeiten in Betracht. Denn der „Jungfrau“-Mensch widmet sich zwar besonders liebevoll den kleinen und kleinsten Dingen des Alltags und erledigt die ihm gestellten Aufgaben mit unübertrefflicher Sorgfalt und Pünktlichkeit, doch er tut in dieser Richtung auch oft des Guten zu viel und kann dann durch seine Kleinlichkeit und Pedanterie, Engstirnigkeit und „Haarspaltereien“ seinen Mitmenschen schwer auf die Nerven fallen. Dann ist er - wie gesagt - zwar ein unentbehrlicher Mitarbeiter, aber weniger zum Vorgesetzten geeignet (dazu mangelt es ihm auch an Energie und Schwungkraft).

Er liebt jedenfalls die stille, selbstverständliche Pflichterfüllung, ohne „viel Aufhebens“ davon zu machen: dienen und lehren, helfen und heilen ist sein Lebensideal.

Abb. IIb

6. Der IIc-Typus („Steinbock“) als der geistige Gestaltungsmensch ist intelligent und praktisch, idealistisch und fortschrittlich zugleich und er ist es gewohnt, sich mit seinen Gedanken „auf den höchsten Höhen des Daseins“ zu bewegen, sei es im Begrifflich-Philosophischen, sei es im Mystisch-Religösen. Aber er wird sich dabei niemals in müßige Spekulationen oder schwärmerische Phantasien verlieren, sondern stets bemüht bleiben, seine hohe Schau in möglichst weit und nachhaltig wirksame Taten umzusetzen; er ist daher der Typus des großen philosophischen Systematikers oder Religionsstifters.

Aber auch im Alltag wird dieser Mensch immer bestrebt sein, seine Ideale zu verwirklichen, Theorie und Praxis in möglichst vollkommene Übereinstimmung zu bringen. Er eignet sich daher ebensogut zum Wissenschaftler wie zum Techniker, zum Arzt wie zum Erfinder.

Die klare Geformtheit und Durchsichtigkeit, aber auch Härte und Kühle des „Kristalls" symbolisieren wohl am deutlichsten die Wesensart des „Steinbock"-Menschen: Das kompromißlos zur Höhe Strebende seiner strengen „Rechtwinkligkeit" und das über dem Alltäglichen Stehende seiner konzentrierten „Abgeschiedenheit" läßt ihn als einen „Besonderen" über die Masse hinausragen.

Entspricht jedoch der innere Gehalt nicht dieser äußeren Gestalt, dann kann leicht ein „schrulliger Sonderling" oder „hohler Formalist" daraus werden: Wenn das tragende „Rückgrat" aufrechter Gesinnung zur hemmenden „Verknöcherung" verhärtet oder zur „Verkrustung" hochmütiger Überheblichkeit entartet, dann entsteht statt echter menschlicher Größe deren lächerliches Zerrbild oder die verlogene Maske des innerlich leeren „Gesellschaftsmenschen".

Tradition und „standesgemäße Haltung" sind also im positiven wie im negativen Sinne lebensbestimmende Faktoren des „Steinbock"-Menschen; er kann nach innerer Vollendung ebenso wie nach äußerer Anerkennung, nach geistiger Erhabenheit ebenso wie nach einer „gehobenen Stellung" streben. Jedenfalls aber ist er stets ein „Höhenmensch", der fern von den „Niederungen des Lebens" seine Bahn zieht.

Abb. IIc

7. Der IIIa-Typus („Zwilling“) als der materiell ausgerichtete Bewußtheitsmensch ist meist außergewöhnlich vielseitig begabt, neigt aber eben deswegen auch meist zur Zersplitterung. Seine große geistige Beweglichkeit (rasche Auffassung, Schlagfertigkeit, Gewandtheit) führt oft zur Sprunghaftigkeit und Oberflächlichkeit; seine Wendigkeit und Anpassungsfähigkeit bringt leicht etwas Unstetes, „Quecksilbriges“ in seine Haltung. Er fühlt sich wohl bei „Jubel, Trubel, Heiterkeit“, er liebt die Abwechslung in jeder Hinsicht. Sein Ehrgeiz ist es, über alles stets „aus bester Quelle unterrichtet“ zu sein, möglichst viele „Verbindungen“ zu haben, sich als „Manager“ und „rechte Hand“ unentbehrlich zu machen. Räumliche Veränderung (etwa als Reisender) ist ihm ebenso geläufig wie gedankliche Umwandlung (etwa als Übersetzer), und darum sind die Berufe, die beides verbinden (Journalist, Diplomat, Korrespondent), für ihn die geeignetsten.

Auch als Sportler bevorzugt er die „kurze Strecke“ und die rasche wendige Bewegung, die zudem noch „Köpfchen“ erfordert. Der „Zwilling“ ist der „Kenner“, der mit einem Blick Bescheid weiß, und der „Vermittler“, für den es nichts gibt, was er nicht auf irgendeine Weise zusammenbrächte.

Aber er kann dadurch auch zum „kaltschnäuzigen“, ja zum skrupellosen Spieler und Betrüger werden. Gemüt und Seelentiefe, Gründlichkeit und Ausdauer sind überhaupt seine Stärke: verbindend, aber „unverbindlich“, allseitig interessiert, aber „Kleinigkeiten großzügig übersehend“ – das ist seine Art.

Dazu kommt noch eine starke innere Zwiespältigkeit und Unruhe, die ihn leicht aufgeregt und überspannt macht. Andererseits ist der „Zwilling“ gerade für die verwirrende Betriebsamkeit unserer Gegenwart im allgemeinen und des Großstadtlebens im besonderen der wohl am besten angepaßte Typus, dem das „Moderne“ Lebenselement ist und der sogar den Existenzkampf gewissermaßen mit „sportlichem Ehrgeiz“ betreibt.

Abb. IIIa

8. Der IIIb-Typus („Waage“) als der seelisch bestimmte Bewußtheitsmensch ist ebenfals stark von der Polarität geprägt. Doch ist er weniger zwiespältig als der „Zwilling“, vielmehr zweiseitig, d. h. stets eingedenk, daß „jedes Ding zwei Seiten hat“. Darum ist er stets bestrebt, in allem auch die andere Seite zu sehen und ihr gegenseitiges Verständnis und ergänzende Wechselwirkung ist ein Hauptkennzeichen des „Waage“-Menschen.

Dies gilt auch für die erheblichen Gefühlsschwankungen in der eigenen Brust, die er als notwendige Vorbedingung seelischen Reifwerdens bejaht. Dadurch ist er auch imstande, sein seelisches Gleichgewicht wieder herzustellen und auf Grund dieser persönlichen Erfahrung in seiner Umgebung ebenso besänftigend, vermittelnd und ausgleichend zu wirken.

Nichts ist ihm widerwärtiger, als in einer gespannten oder gar feindseligen Atmosphäre leben zu müssen, und darum wird er stets alles daransetzen, um Frieden zu schaffen. Dies kann allerdings auch zu allzu großer Weichheit und Unentschlossenheit führen, kann das Ausweichen vor Entscheidungen und ein dauerndes unentschlossenes Hin- und Herschwanken begünstigen. Wer vor lauter Abwägen nichts wagt, bleibt eben oft „zwischen zwei Stühlen sitzen“ und wird übergangen. Der „Waage“-Mensch strebt jedoch nicht nur im Geistigen nach Ergänzung und Ausgleich, sondern auch im Körperlichen. Er ist daher ein ganz besonders guter Ehepartner, dessen Feinsinnigkeit und Friedfertigkeit, Anpassungsfähigkeit und Anteilnahme Glück und Dauer der Verbindung garantieren. Im allgemeinen ist er also der Mensch der „Synthese“, d. h. der Verschmelzung der Gegensätze in einem abgerundeten Weltbild und der harmonischen Ergänzung in einem einheitlichen Lebensstil.

Abb. IIIb

9. Der IIIc-Typus („Wassermann“) als der ideelle Bewußtheitsmensch verbindet die außergewöhnliche geistige Beweglichkeit des „Zwillings“ mit dem synthetischen Denken des „Waage“-Typus und fügt noch seinen unerschöpflichen Ideenreichtum, seine immer originellen, überraschenden Einfälle hinzu. Er wird sich nie mit dem Bestehenden, Althergebrachten begnügen, sondern stets nach Neuem, ja „Unerhörtem“ streben, - dabei aber selten mit Einzelheiten sich abgeben und

bei Kleinigkeiten sich aufhalten: Ihm geht es vielmehr um das Große-Ganze, um „Welt-Menschheit-Kosmos".

Er durchbricht die Schranken des Gewohnten und dringt vor ins „Reich des Unbekannten", in Sternenweiten und Seelentiefen, ins Geheimnisvolle und Allgewaltige. So wird er immer aufgeschlossen und erwartungsvoll, tolerant und entgegenkommend sein, Menschen und Dinge mit unvoreingenommener, intuitiver Ursprünglichkeit in sich aufnehmen. Unstillbarer Erkenntnisdrang und ständiges Streben nach Selbstentfaltung machen ihn aber auch meist ungeeignet für eine streng geregelte oder gar eintönige Tätigkeit, die Sorgfalt und Gleichmäßigkeit erfordert. Ja, in extremen Fällen wird er überhaupt keinen Beruf mehr ausüben können, sondern - je nach Geldbeutel - entweder als „Landstreicher" und „Taugenichts" oder als „Weltenbummler" und „Privatgelehrter" abseits der ausgetretenen Straße seine eigenen Wege gehen.

Und auch in „weltlicher" Weise kann der „Wassermann" gelegentlich „über die Stränge schlagen"; er liebt auch bei sich selbst das Unberechenbare, Ungewöhnliche und Verspielte bis in die Extravaganz der Kleidung und Absonderlichkeit der Lebensweise hinein. Jedenfalls wirkt der „Wassermann" stets vorwärts-treibend und weiter-führend: Er ist „seiner Zeit voraus" und bildet so den „Sauerteig", der die „schwere Masse" von innen heraus hebt und durchwirkt.

Abb. IIIc

10. Der IVa-Typus („Krebs“) als der vorwiegend im Körperlichen sich auswirkende Gefühlsmensch könnte ebensogut durch die „Schnecke“ symbolisiert werden, denn er ist weich und verletzlich, empfindlich, langsam und ängstlich wie diese und zieht sich daher bei der geringsten unsanften Berührung genauso rasch in sein „Schneckenhaus“ zurück. Aus demselben Grunde liebt er ja auch den vorsichtigen „Rückwärtsgang“ des Krebses und ist stets darauf bedacht, sich nicht zu weit vorzuwagen.

Er ist besonders abhängig von seiner Umgebung und daher auch von dem, „was die Leute sagen“. In einer freundlichen, rücksichtsvollen Umgebung, wo er Lob und Anerkennung findet, wird er „aufblühen“ und seine ganze Fürsorglichkeit, seinen ausgeprägten Sinn für das Behagliche und „Heimelige“ entfalten. In einer unfreundlichen oder gar feindseligen Umgebung wird er dagegen völlig hilflos und unfähig zu irgendeiner positiven Leistung „geduckt“ und resigniert im Winkel stehen.

Er ist gutmütig, aber unselbständig, sehr empfänglich und anhänglich, aber träumerisch und rasch entmutigt, liebe- und anlehnungsbedürftig, aber leicht gekränkt und zurückgestoßen.

Der „Krebs“ sucht gerne Trost in der Vergangenheit (Familiengeschichte) oder in der Religion (besonders in gefühlsbetonten Sekten oder in okkulten Zirkeln). Er scheut die direkte Auseinandersetzung mit der harten Wirklichkeit und geht daher entweder Umwege oder gibt eben „um des lieben Friedens willen“ nach.

Die positive Seite diese Typus ist seine Mütterlichkeit: Das Heim und das Kind, gutes Essen und ein „warmes Nest“, leibliches Wohlbefinden und ein ungestörtes Familienglück - das sind die Lebenswerte des „Krebs“-Menschen. Die Befriedigung materieller Bedürfnisse und das geduldige Aufgehen im Kleinkram des Alltags sind ihm ebenso wichtig wie das erbauliche Erlebnis (die „Rührung“) und das erschauernde Eintauchen ins mystische Dunkel (die „Erweckung“).

Abb. IVa

11. Der IVb-Typus („Skorpion“) als der gemütsbetonte Gefühlsmensch trägt die stärkste Gegensätzlichkeit, die größte Spannweite von „Höhe“ und „Tiefe“ in sich (weshalb ihm in der alten Überlieferung auch die Verwandlung der „Schlange“ in den „Adler“ zugeschrieben wird). Darum hat er es besonders schwer, zu einer einheitlichen, geschlossenen Persönlichkeitsbildung zu gelangen, und solange steht er mit sich und der Welt auf dem Kriegsfuß. Weil er mit sich selbst unzufrieden ist, findet er nirgends Ruhe und Zufriedenheit, man kann ihm kaum etwas recht machen und er hat überall etwas auszusetzen.

Er ist empfindlich und nachtragend, fanatisch und unduldsam, „stichelt“ gerne und sät Unfrieden, indem er die Menschen gegeneinander ausspielt. Problematisch und kritisch, spannungsgeladen und abgründig - ist er in jeder Hinsicht schwierig und „zwielichtig“.

Insbesondere seine starke Sexualität macht ihm und seinen Mitmenschen viel zu schaffen. Doch gerade darin liegt auch seine große Wandlungsmöglichkeit: Wenn es ihm gelingt, sich selbst fest in die Hand zu nehmen und so durch zuchtvolle Überwindung - man kann auch von „Sublimierung“, d.h. von einem „Läuterungs- und Umschmelzungsprozeß“ sprechen -

gerade die unbändige Triebgewalt und unergründliche Erlebnisfähigkeit seiner Natur in die gezügelte Lebenskraft und ins Höchste gesteigerte Feinfühligkeit einer überdurchschnittlichen Persönlichkeit umzuwandeln, kann er sowohl durch ein überragendes Künstlertum als auch in bahnbrechender religiös-weltanschaulicher Erneuerung einzigartige Bedeutung erlangen.

Der Skorpion will niemals bloß theoretisch erkennen, sondern alles mit seinem ganzen Wesen zu durchdringen suchen und sich für das Erkannte mit seiner ganzen Kraft einsetzen. Er wird niemals bloß „in schönen Gefühlen schwelgen", sondern sich stets bis auf den Grund seiner Seele begeistern oder erschüttern lassen und in tiefer, starker Liebeskraft sich ganz und gar „drangeben". In der Suche nach dem „Stein der Weisen" und in der „Mystischen Hochzeit" sind daher auch das tiefgründige Erkenntnisstreben und die geläuterte Liebeskraft des „Skorpion"-Menschen versinnbildlicht.

Abb. IVb

Der IVc-Typus („Fische") als der geistig-ideelle Gefühlsmensch ist ebenfalls besonders empfindsam und feinfühlend. Er hat einen ausgeprägten „Spürsinn" für alles Tiefgründige, Geheimnisvolle und Verborgene. Darum interessiert ihn auch nicht so sehr das Offenkundige, „Reale", sondern weit mehr das „Irrationale", das bewußtem Begreifen sich Entziehende. Er ist der aus tiefstem Wesensgrund heraus religiöse Mensch: der „Seelenforscher" oder „Seelsorger" im besten Sinne. Parapsychologie, Tiefenpsychologie, „Geheimwissenschaft“, Symbolik, Mystik usw. sind demnach die wesensgemäßen Betätigungsgebiete des „Fische“-Menschen.

Allerdings bedingt dieser Hang zum „Übersinnlichen“, „Jenseitigen“ auch eine gewisse Weltfremdheit und Unangepaßtheit, eine oft recht störende Ungeschicklichkeit und Hilflosigkeit in praktischen Dingen. Daher fühlt sich der „Fisch“ immer besonders einsam und „unverstanden“, dem Alltag „enthoben“ und als „Außenseiter“ behandelt.

Da er aber - im Gegensatz zum „Steinbock“ - sich in dieser Einsamkeit und „Andersheit“ keineswegs wohlfühlt, sucht er um so mehr die Gemeinschaft und kann erst in einer wohlwollenden, verständnisvollen Umgebung Gleichgesinnter richtig „aus sich herausgehen“ und zu der ihm angemessenen Lebensleistung gelangen. Hat er aber den passenden „Anschluß“ gefunden, dann dankt er dies auch durch einen beispiellosen Opfersinn und eine sich selbst entäußernde Einsatzbereitschaft, durch deren Unbedingheit und Rückhaltlosigkeit man immer wieder in staunende Bewunderung versetzt wird (Kloster oder Klinik bzw. Heil- oder Erziehungs-Anstalt, Sekte, Siedlung, soziale Institutionen sind daher die bevorzugten Wirkungsstätten des „Fische“-Menschen).

Abb. IVc

Außer den hier behandelten zweifachen, dreifachen, vierfachen und zwölffachen Einteilungen gibt es noch viele andere, teilweise sehr geistreiche und auch praktisch brauchbare Typen-Einteilungen, wie z.B. die „Funktionstypen“ (Pfahler), „Entwicklungstypen“ (Conrad, Bühler, Kroh, Künkel), „Integrationstypen“ (Jaensch), „Wertungstypen“ (Dilthey, Nohl, Ostwald, Spranger) und eine große Anzahl verschiedener Situations- (Berufs-), Landschafts- (Stammes-), Volks- und Rassetypen (siehe Literaturverzeichnis). Da es uns jedoch weniger auf wissenschaftliche Vollständigkeit als vielmehr auf lebensnahe Anwendbarkeit des Dargestellten ankommt, dürfte das bisher Gesagte genügen, um die typologische Methode zu verdeutlichen und den Leser so zu einer ersten, annähernd richtigen „Grobsichtung“ der Menschen zu befähigen.

Der aufmerksame Leser wird ja bemerkt haben, daß es eigentlich stets dieselben Grundeigenschaften bzw. Wesenszüge sind, die in den einzelnen Typenlehren mit zunehmender Genauigkeit und feinerer Unterscheidung (Differenzierung) beschrieben und in wechselnde Beziehung zueinander gebracht werden. Dadurch erscheinen die gezeichneten Menschenbilder immer weniger theoretisch und „konstruiert“, weil sie der „blutwarmen“ Wirklichkeit lebendiger Menschen, wie wir sie täglich erfahren, immer mehr entsprechen.

Dennoch kann auch die differenzierteste Typenlehre nie mehr bedeuten als bestenfalls die „Grundschule“, das „ABC“ der Menschenkenntnis oder den großen Rahmen, in den das eigentliche Bildnis erst mit unzähligen feinen Pinselstrichen hineingemalt werden muß. Die „Hohe Schule“ oder gar die „Hohe Kunst“ der Menschenkenntnis beginnt daher erst dann, wenn wir vom „Typisieren“ zum „Charakterisieren“ gelangen, d.h. wenn wir von der Zusammenstellung von Ähnlichkeitsmerkmalen bei Menschengruppen zum Erkennen und Bewerten der individuellen, einzigartigen Wesensmerkmale der Einzelpersönlichkeit fortschreiten, wenn wir also von der Schale zum Kern, von der Oberfläche zum Zentrum vordringen.

III. Individuelle Merkmale (Charakterkunde)

A. Der persönliche Gesamteindruck

Immer, wenn wir einem fremden Menschen unbefangen und unvoreingenommen gegenübertreten, um sein Wesen möglichst genau und zutreffend zu ergründen, gewinnen wir zunächst einen bestimmten Gesamteindruck, dessen Richtigkeit von unserer psychologischen Begabung und Übung abhängt. Um diesen Gesamteindruck begründen und, wenn nötig, korrigieren zu können, müssen wir auf Grund des bisher Gelernten stets die Typenmerkmale von der individuellen Prägung sorgfältig unterscheiden, d.h. immer zuerst das Typische feststellen (also mit den bisher beschriebenen Erscheinungsbildern und Verhaltensweisen vergleichen) und dann die über das Typische hinausreichenden charakteristischen Persönlichkeitsmerkmale auf uns wirken lassen.

Wir wollen nun an einigen praktischen Beispielen zu erkennen suchen, wie der Gesamteindruck zustande kommt und welches die wesentlichsten der dabei beteiligten Einzelelemente sind.

Eine Hausfrau berichtet über zwei Vertreter-Besuche.

1. Beispiel:

Es läutet kaum hörbar an der Flurtür. Ich öffne, und draußen steht in einiger Entfernung von der Tür ein zart gebauter junger Mensch, einfach, aber sauber und ordentlich gekleidet. Man sieht dem abgetragenen, geflickten Anzug an, daß er einstmals aus gutem, teurem Stoff von einem erstklassigen Schneider angefertigt sein mußte. Die Haltung des jungen Mannes ist wie in sich zusammengesunken; mit leiser, tonloser Stimme nennt er seinen Namen und fragt, ob er mich sprechen kann. Er folgt mir zögernden Schrittes ins Zimmer und setzt sich nur auf eine Kante des angebotenen Stuhles; die Arme hängen leblos herab, sein Blick ist abwesend und geht in weite

Ferne. Bei meiner Anrede zuckt er zusammen, rafft sich dann auf und beginnt stockend, allmählich geläufiger werdend, aber mit unbeteiligtem Blick, sein Angebot vorzutragen.

Mehr aus Mitleid unterschreibe ich eine kleine Bestellung, und als er beim Fortgehen einen Dank stammelt, sagen seine Augen deutlicher als Worte, wie schwer es ihm fällt, in dieser Situation vor mir stehen zu müssen.

Als er draußen ist und ich das Fazit dieser Begegnung ziehe, denke ich: heruntergekommen zwar und ärmlich - aber „zu Besserem geboren“ und durchaus vertrauenswürdig.

2. Beispiel:

Wieder läutet es an der Flurtür, diesmal laut und lange. Ich öffne, und draußen steht dicht an der Tür ein großer, gut gewachsener Mann in modernem Straßenanzug. Er zieht den weichen Velourhut und verbeugt sich formvollendet: „Die gnädige Frau selbst?“ Noch ehe ich ihn zum Nähertreten aufgefordert habe, steht er schon im Zimmer und beginnt, mir mit voller, tönender Stimme eindringlich klarzumachen, daß allein die Versicherungs-Gesellschaft, die er vertritt, etwas tauge, daß ihre Bedingungen einzigartig günstig und „noch nie dagewesen“ seien und daß ich mir selbst den größten Schaden zufügen würde, wenn ich es versäumte, dieser Versicherung beizutreten.

Als ich mit einer Zwischenfrage - die ich bei seiner Redeflut kaum anbringen kann - ein leises Bedenken äußere, weist er dies mit überlegener Sicherheit und einer geringschätzigen Handbewegung fast mitleidig zurück. Dabei sitzt er in seinem Sessel bald mit den Allüren des „großen Herrn“, zurückgelehnt mit übergeschlagenen Beinen, bald wieder etwas nach vorn gebeugt, lässig in seinen Papieren blätternd, während er auf mich einredet. Zwischendurch richtet er graue, stahlharte Augen fest und eindringlich auf mich, so daß ich mir vorkomme, als wollte er mich hypnotisieren. Als er endlich begriffen hat, daß mit mir kein Geschäft zu machen ist, erhebt er sich noch einmal formvollendet und „schreitet“ würdevoll zur Tür.

Ich lächle in mich hinein: Der ist wahrhaftig selbstbewußt, irgendwo imponierend, – aber gediegen ist er nicht, „mehr Schein als Sein“.

Die Verkäuferin in der Konfektionsabteilung eines Warenhauses erlebt an einem Vormittag unter anderen Kunden, die sie zu bedienen hat, auch die beiden folgenden.

3. Beispiel:

Eine Dame mittleren Alters in einfachem, grauem Kostüm von tadellosem Sitz, einen kleinen schwarzen Filzhut auf dem schlicht gescheitelten blonden Haar, kommt in ruhigen, gelassenen Schritten mit einem freundlichen: „Guten Tag, Fräulein, sind Sie frei?“ auf die Verkäuferin zu. Da diese bejaht, fährt die Dame fort: „Ich suche...“ und dann kommt eine klare, genaue Angabe dessen, was sie braucht.
Die Verkäuferin bringt verschiedene Stücke zur Auswahl. Mit sicherem Griff hat die Kundin sofort das Geschmackvolle, Solide und zugleich zu ihr Passende herausgefunden. Als die Verkäuferin ihr ein etwas eleganteres neues Modell-Stück vorlegt, stutzt die Dame einen Augenblick und sagt dann leise, aber entschieden vor sich hin: „Wirklich sehr schön, aber nicht ganz mein Stil, und auch etwas über meinem Etat“. Damit ist die Anglegenheit erledigt. Sie trifft ihre Wahl, zahlt und verläßt mit einem „Danke schön, Fräulein“ das Geschäft.

Die Verkäuferin schaut ihr bewundernd nach und denkt: So schlicht und bescheiden, und dabei doch so sicher und vornehm!

4. Beispiel:

Nun tänzelt auf hohen Stöckelschuhen, im Pelzmantel, auf den sichtlich gefärbten schwarzen Locken ein hellgrünes Phantasiehütchen, das seltsam mit dem Rot der stark geschminkten Lippen und bemalten Fingernägel kontrastiert, ein etwa zwanzigjähriges Menschenkind herein. Mit keckem, etwas geziertem Ton bringt es seine Wünsche vor und wirft dabei Augen nach einem gerade vorübergehenden Verkäufer.

„Ist das letzte Pariser Mode?“ fragt es bei jedem Kleid, das ihm vorgelegt wird. „Trägt man das jetzt auch noch?“ – „Ich wünsche nur das Neueste, wenn es auch noch so teuer ist.“

Dabei fuhrwerkt die junge Dame mit fahrigen, ungezügelten Bewegungen zwischen den Sachen herum, faßt alles an und behandelt die zarten Stoffe so grob, daß die Verkäuferin Ängste aussteht, es könnte etwas beschädigt werden. Nachdem sie eine Stunde lang herumgesucht, an- und wieder ausgezogen hat, verlangt sie, in Raten zahlen zu können und ist sehr empört, als der Chef das ablehnt.

Als sie endlich ohne Gruß zum Haus hinaus ist, atmet die Verkäuferin auf: War das eine gewöhnliche Person – echt „Halbwelt“!

Eine Werksfürsorgerin sitzt in ihrem kleinen Büro. Um diese Zeit ist sie für jedermann aus dem Betrieb zu sprechen, der etwas auf dem Herzen hat.

5. Beispiel:

Plötzlich hört sie eine laute, schimpfende Männerstimme auf der Treppe; ein Schlag gegen die Tür, und ehe sie noch „Herein“ sagen kann, kommt ein etwa dreißigjähriger untersetzter Mann im Arbeitskittel hereingestürzt. Die Mütze sitzt irgendwo schief auf dem Kopf, in der Aufregung vergißt er ganz, sie abzunehmen. Es dauert eine ganze Weile, bis er überhaupt soweit ist, daß er ein Wort herausbringt. Die freundliche Aufforderung Platz zu nehmen, wird gar nicht gehört. Statt dessen läuft er mit kurzen, harten Schritten - wie ein Löwe vor den Gitterstäben seines Käfigs - auf und ab, soweit der Platz in dem kleinen Raum es zuläßt. Ganz allmählich erst werden Schritte und Bewegungen langsamer, der keuchende Atem ruhiger, und schließlich läßt er sich auf den angebotenen Stuhl fallen und stößt ingrimmig heraus: „So eine Ungerechtigkeit!“

Und dann berichtet er auf die Frage der Fürsorgerin von einem alten, kränklichen Arbeitskameraden, den der Meister wegen eines geringfügigen Versehens viel zu scharf und geradezu beleidigend angefahren und ihm sogar mit Entlassung gedroht habe. Der alte Mann sei so erschrocken gewesen, daß er sich gar nicht habe verteidigen können. Aber solche „Ungerechtigkeit“ dürfe nicht einfach durchgehen, dafür werde er sorgen!

Während er spricht, hat sich der Arbeiter wieder ganz in die Hand bekommen, nur in der Stimme ist - wie ein fernes „Donnergrollen“ - noch die Empörung zu spüren, und die eine Hand ist um die inzwischen abgenommene Mütze geballt. Dabei fällt der Fürsorgern auf, wie edel geformt und vertrauenerweckend diese rauhe Arbeitshand ist. Als sie besprochen haben, was man in dieser Angelegenheit tun könne, erhebt sich der Arbeiter mit der Bitte um Entschuldigung für sein Verhalten vorhin: „Ich hatte mich so aufgeregt“. Mit einem festen Händedruck trennen sie sich.

Ehe die Fürsorgerin an ihren Schreibtsich zurückkehrt, schaut sie dem mit kräftigen, elastischen Schritten über den Hof Gehenden durchs Fenster nach: was für ein ehrlicher und guter Arbeitskamerad; ein sauberer, zuverlässiger Mann - trotz seines Hitzkopfs.

6. Beispiel:

Nach einiger Zeit hört sie wieder Schritte auf der Treppe, diesmal leise und etwas zögernd. Es klopft, und auf ihr „Herein“ schiebt sich eine gutgewachsene junge Frau zur Tür herein. Auch sie ist in Arbeitskleidung, denn sie kommt gerade von der Maschine, aber unter der Kittelschürze schaut ein seidenes „Fähnchen“ hervor und unter dem Kopftuch die heute früh sicher nicht frisch gekämmte „Lockenpracht“. Die hauchdünnen seidenen Strümpfe und die bereits abgetragenen, ursprünglich sehr eleganten Schuhe entsprechen weder der kalten Jahreszeit noch der Arbeitssituation. An den nicht ganz sauberen Händen fallen die lang- und spitzgeschnittenen, lackierten Nägel auf. Das Gesicht ist blaß, zeigt Spuren von nicht gut entfernter Schminke und „Säcke“ unter den müde blickenden Augen.

Mit betont bescheidenem „Danke“ nimmt sie auf dem angebotenen Stuhl Platz und wartet, in verkrampfter Haltung mit fest an den Leib geklemmten Armen, auf die Anrede der Fürsorgerin. Auf deren Frage beginnt sie mit klagender Stimme von allen möglichen körperlichen Leiden zu erzählen, um schließlich auf einen „Verschickungsantrag“ hinauszukommen: „Der Herr Doktor sagt immer, mir fehlt nichts, ich sei nur ein bisserl nervös, aber ich habe doch so viele Schmerzen von dem vielen Stehen bei der Arbeit und bin immer so müde.“

Auf die Frage der Fürsorgerin, ob der Herr Doktor ihr noch nie gesagt habe, daß man bei der Arbeit nicht solche Schuhe trage und daß diese hohen Absätze ungesund seien, lacht sie albern: „Davon können die Schmerzen doch nicht kommen.“ Und als die Fürsorgerin ihr vorschlägt, einmal vier Wochen lang abends nicht auszugehen, sondern statt dessen ganz früh schlafen zu gehen, fährt sie plötzlich auf und stößt halb patzig, halb angstvoll heraus: „Man ist doch jung und will leben! - Wenn man nicht mal abends ein bißchen Spaß haben darf, kann man überhaupt Schluß machen.“ Dann fällt sie wieder in ihren weinerlichen Ton: Sie wolle doch ihre Arbeit ordentlich machen, aber in diesem Zustand sei ihr das ganz unmöglich, sie möchte doch sehr um eine Verschickung bitten.

Die Fürsorgerin vespricht ihr, mit dem Arzt zu reden und zu sehen, was sich für sie tun ließe. Als sie dem Mädchen zum Abschied die Hand gibt und freundlich und ermutigend zulächelt, trifft sie ein sehr trauriger und bittender Blick aus den Augen der jungen Arbeiterin, - den sie als das einzig ganz Echte an diesem jungen Menschen empfindet, was sie bisher von ihm gesehen hat.

Nun weiß sie: Hier ist wirklich Hilfe nötig, wenn auch in anderer Form, als sie erbeten wurde. Hier sucht ein verwirrter, zwiespältiger und haltloser Mensch nach Führung und Sinn für sein Leben.

Um was für Typen es sich in diesen sechs Beispielen handelt, können wir auf Grund der gegebenen Beschreibung verhältnismäßig leicht feststellen: Im 1. Beispiel ein ausführender, theoretischer, introvertierter, schlankwüchsiger, seelenhafter Bewußtheitsmensch; im 2. Beispiel ein beherrschender, praktischer, extravertierter, athletischer, materieller Willensmensch (die übrigen Beispiele können Sie, lieber Leser, sicherlich nun schon selbst analysieren).

Doch wir merken gleich, daß die Typeneinteilung in diesem Zusammenhang eigentlich gar nicht von Interesse ist und uns auch nicht weiterhelfen kann, ja geradezu schauderhaft abstrakt und seelenlos wirkt, denn der charakteristische Wesensausdruck der geschilderten Personen ist eben durchaus individuell und daher auch nur durch die Gesamtbewertung der Einzelmerkmale zu erschließen. Von solchen persönlichen Merkmalen werden in den einzelnen Beispielen genannt bzw. beschrieben: Kleidung, Haltung, Gang, Bewegungen, Umgangsformen, Gesicht und Hände, Stimme und Sprache, Augenausdruck.

Tatsächlich setzt sich aus diesen Elementen unser Gesamteindruck zusammen, indem wir sie zunächst unterbewußt gefühlsmäßig aufnehmen, dann sie uns allmählich mehr oder weniger bewußt klarmachen und sie entweder uns selbst oder anderen gegenüber auch verstandesmäßig zu begründen suchen, um schließlich in einer letzten, intuitiven, nicht weiter begründbaren Zusammenfassung unser Urteil zu fällen. Ob dieser Prozeß sich rasch, glatt und bestimmt oder nur langsam und zögernd, umständlich, mit vielen Irrtümern und Korrekturen und schließlich doch in einem „großen Fragezeichen" auslaufend, sich vollzieht, - das hängt von unserer eigenen Verfassung und der Kompliziertheit des anderen ab. Ob wir einem Menschen positiv, negativ oder neutral gegenüberstehen, ob wir eigene Erlebnisse, Wünsche und Seelenzustände in ihn hineinsehen, oder ob wir gelernt haben, ganz von uns abzusehen und das Wesen des anderen völlig unvoreingenommen auf uns wirken zu lassen, ob wir im gefühlsmäßig-verschwommenen Eindruck oder in der verstandesmäßig-zergliedernden Beobachtung steckenbleiben oder tatsächlich zur intuitiv-verstehenden Wesenserfahrung gelangen, ob wir uns von vordergründigen, hervorstechenden Merkmalen gefangennehmen und täuschen lassen, oder ob wir gerade die unauffälligsten Feinheiten zu erkennen und recht zu deuten vermögen: Das alles ist dafür entscheidend, ob das von uns geschaute Gesamtbild einer Persönlichkeit auch wirklich ihrem Wesen entspricht und ihrer Individualität voll gerecht wird.

Ehe wir daher die wesentlichsten Einzelelemente des persönlichen Gesamteindrucks behandeln (wobei wir wiederum von außen nach innen, von den verhältnismäßig unbestimmten und vieldeutigen zu den immer charakteristischer und eindeutiger werdenden Merkmalen fortschreiten), sei Ihnen, lieber Leser, angelegentlich geraten, sich nochmals in das Kapitel I dieses Buches zu vertiefen und das dort Gesagte sorgsam auf das nun Folgende anzuwenden.

B. Kleidung und Umgangsformen

Wie wir gesehen haben, sind Kleidung und Umgangsformen eines Menschen - wozu auch seine körperliche Gepflegtheit gehört - bei der Bildung des Gesamteindrucks mitbestimmend. Ein bekanntes Sprichwort lautet ja: „Kleider machen Leute"; und das ist tatsächlich insofern zutreffend, als sich gerade der Laie um so mehr von der äußeren Erscheinung beeinflussen läßt, je weniger er die feineren und wesentlicheren Persönlichkeitsmerkmale zu erkennen und zu unterscheiden vermag. Ihm imponiert eben die „aufgedonnerte" Erscheinung der „Familie Neureich", die übrigens keineswegs geschmacklos oder von außergewöhnlicher Extravaganz zu sein braucht, denn wem es selbst an Geschmack und rechtem Maß fehlt, der kann sich heute ja von einem geschickten „Modeberater" so einkleiden lassen, daß seine innere Primitivität gut „getarnt" und daher äußerlich gar nicht leicht zu erkennen ist.

Wenn dagegen schon die Kleidung besonders übertrieben und wie aus dem Schaufenster genommen wirkt, wenn jemand mit Schmuck überladen oder in anderer Weise „protzig" ist, wenn eine besonders „verrückte" Frisur oder Kopfbedeckung getragen oder ein allzu aufdringliches Parfüm benützt wird, wenn überhaupt versucht wird, mit allen Mitteln aufzufalllen: dann ist die Beurteilung verhältnismäßig leicht, denn in diesen Fällen wird man es kaum mit einer gediegenen, ernst zu nehmenden Persönlichkeit zu tun haben, zumal wenn es sich um einen erwachsenen Menschen handelt, dem man die für noch unreife „Halbwüchsige" geltenden „mildernden Umstände" nicht mehr zubilligen kann.

Wenn aber umgekehrt die Kleidung besonders vernachlässigt erscheint (was nicht etwa durch ärmliche, unmoderne oder geflickte Kleider sich ausdrückt, sondern z.B. durch schiefgetretene Absätze, ungeputzte Schuhe, abgerissene Knöpfe und nicht geflickte Löcher, Flecke, Fettränder, „spekkige " Kragen, schmutzige Wäsche usw.), dann ist zwar sicherlich Vorsicht geboten, doch kann man daraus eingedenk der Tatsache, daß es viele unverschuldet in Not geratene, aus der Bahn geworfene und verzweifelte Menschen gibt, keineswegs mit Sicherheit auf menschliche Minderwertigkeit schließen. Und man denke auch an die durchaus nicht einfach negativ zu bewertenden Typen des „eingefleischten Junggesellen", des „Schwabinger Künstlers" (des „Bohemiens") oder des „zerstreuten Professors", die alle äußerlich oft recht verwahrlost erscheinen und denoch hochwertige Persönlichkeiten sein können.

Ist jedoch an der Kleidung weder in der einen noch in der anderen Hinsicht etwas Auffallendes zu entdecken, d.h. können wir zusammenfassend feststellen, daß das Getragene zum Träger paßt, dann müssen wir noch genauer beobachten und vor allem darauf achten, ob die körperliche Gepflegtheit und die Umgangsformen mit der Kleidung zusammenstimmen.

In dieser Beziehung ist die folgende Anekdote sehr lehrreich: In einer Gesellschaft benahm sich ein „Herr Neureich" einem verarmten Adeligen gegenüber reichlich taktlos, indem er ihm seine mit mehreren Brillantringen geschmückten

„Würstelfinger“ unter die Nase hielt und fragte: „Was würden Sie tun, wenn Sie einen solchen Ring besäßen?“ - „An Ihrer Stelle würde ich ihn verkaufen und mir eine Nagelbürste dafür kaufen“, war die trockene Antwort. In diesem Falle hatten also die schwarzen Nagelränder dem Glanz der Ringe allzusehr widersprochen.

Es kann auch der über den viel zu engen Kragen quellende „Speckkragen“, das vernachlässigte „Ohrenschmalz“ oder gar der aufdringliche Körpergeruch sein, woraus mit ziemlicher Sicherheit zu schließen ist, daß die zur Schau getragene Eleganz nicht echt sein kann, d.h. daß die entsprechende innere Vornehmheit eben nicht vorhanden ist.

Um so mehr sind wir zu der Annahme berechtigt, einen wertvollen Menschen vor uns zu haben, wenn er zwar ärmlich gekleidet ist, aber einen besonders gepflegten und sauberen Eindruck macht. Denn wenn jemand sogar unter den erschwerenden Umständen der Armut oder harter körperlicher Arbeit äußerlich besonders auf sich achtet, darf man daraus schließen, daß er sich auch innerlich „nicht gehen läßt“.

Noch bezeichnender sind die guten Umgangsformen, womit keineswegs bloß ein oberflächlicher „gesellschaftlicher Schliff“ oder gar ein „aalglattes Benehmen“ gemeint ist, sondern jene selbstverständliche Höflichkeit und jenes natürliche Taktgefühl, die eben einen sozial gesinnten, gemeinschaftsfähigen Menschen auszeichnen. Gutes Benehmen ist also durchaus nicht nur ein wesentlicher Bestandteil der menschlichen Gemeinschaft, durch den wir unser Zusammenleben erleichtern.

Die Umgangsformen eines Menschen sind daher in jedem Falle kennzeichnend für seine „Kinderstube“, d.h. für die Gediegenheit seines Elternhauses und die Sorgfalt der ihm zuteil gewordenen Erziehung. Das braucht - wie gesagt - keineswegs von dem Geldbeutel oder der Gesellschaftsschicht abhängig zu sein. Es gibt arme Witwen, die ihre Kinder in jeder Hinsicht tadellos erziehen, und reiche Häuser, in denen die Kinder von fremden Leuten vielleicht „standesgemäß“, aber kaum menschlich einwandfrei erzogen werden, weil die eigenen Eltern „keine Zeit“ für sie haben. Weiterhin sind die Umgangsformen eines Menschen kennzeichnend für den Grad seiner Selbsterziehung und seiner Bereitschaft, die mitmenschlichen Beziehungen in rechter Weise zu pflegen.

Zusammenfassend wollen wir uns merken: Kleidung, Gepflegtheit und Umgangsformen offenbaren hauptsächlich das Stilgefühl, d.h. das Gefühl für das rechte Maß, das Selbstgefühl, d.h. die Einschätzung der eigenen Person, die Lebensumstände und die Einstellung zur Umwelt. Andererseits sind diese doch noch mehr an der Oberfläche liegenden Faktoren mit so vielen Fehlerquellen und Täuschungsmöglichkeiten behaftet, daß sie zwar im Gesamtzusammenhang sehr wichtig sind, daß man aber niemals von ihnen allein eine zutreffende Menschenbeurteilung ableiten kann.

C. Gang, Haltung und Bewegungen

Warum haben einflußreiche Männer, die es sich leisten können, einen großen, langgestreckten Arbeitsraum, bei dem sich die Türe, durch die der Besucher hereinkommt, an einem Ende und der Schreibtisch am anderen Ende befinden (wobei der Schreibtisch meistens so gestellt ist, daß der Besucher im hellen Licht steht bzw. sitzt, während der „hohe Herr“ selbst dem Fenster den Rücken zuwendet, also sein Gesicht der hellen Beleuchtung entzieht)? Nun, weil solche Männer etwas von Menschenkenntnis verstehen und daher durch die beschriebene Anordnung die Besucher zwingen, auf dem Wege von der Tür zum Schreibtisch eben durch Gang und Haltung schon wesentliche Aufschlüsse über sich zu geben, noch ehe sie ein Wort gesprochen haben. Und während sie dann hell beleuchtet dem Beobachter gegenübersitzen, entgeht diesem auch weiterhin nichts von ihren Bewegungen und ihrem Mienenspiel.

Schon wie jemand zur Tür hereinkommt, ist sehr bezeichnend: Ob er die Tür nur so weit öffnet, daß er gerade hindurch kann, die Klinke in der Hand behält, nur zögernd über die Schwelle tritt, die Tür leise hinter sich zumacht, - oder ob er die Tür sperrangelweit aufreißt, rasch und entschlossen hindurchgeht, sie energisch wieder schließt oder gar einfach offen läßt. Im ersten Falle haben wir es mit einem introvertierten, unentschlossenen oder gar ängstlichen Menschen zu tun, der keinem zu nahe tritt und froh ist, wenn man ihn in Ruhe läßt, der aber fügsam und geduldig die gegebenen Anweisungen befolgen und wahrscheinlich nicht wagen wird, ernstlich dagegen „aufzumucken". Im zweiten Falle sehen wir uns einem extravertierten, selbstbewußten und tatkräftigen Menschen gegenüber, der sicherlich sehr lebenstüchtig und zielstrebig ist, mit dem man aber andererseits kaum „gut Kirschen essen" kann, weil er zur Eigenmächtigkeit und Widersetzlichkeit neigt.

Wenn wir im ersten Fall den betreffenden Menschen einen „Leisetreter" nennen, so nehmen wir ja bereits den *Gang* zum Maßstab; und tatsächlich werden unselbständige, unsichere, verängstigte oder besonders rücksichtsvolle Menschen kaum mit der ganzen Sohle auftreten, sondern einen ausgesprochenen „Zehengang" zeigen, also die Erde möglichst wenig berühren. Umgekehrt treten ich-bezogene, willensstarke, beherrschende Menschen fast immer mit dem Absatz zuerst auf, hacken sich also gewissermaßen in die Erde hinein. Ein ausgeglichener, zugleich fest in sich ruhender und weltzugewandter, gesunder und leistungsfähiger Mensch wird in keines der beiden Extreme verfallen, vielmehr stets mit ganzer Sohle auftreten bzw. beim Schreiten den Fuß von der Ferse bis zu den Zehen „abrollen".

Wir kennen den weit ausgreifenden, wiegenden und „zügigen" Gang des Wanderes, des naturverbundenen, bäuerlichen oder sportlichen Menschen (Jäger, Bergsteiger, Skifahrer usw.), der in unverbildeter Natürlichkeit, oft sogar „Urwüchsigkeit", ebenso aufgeschlossen und gemütvoll wie strebsam und ausdauernd, offen, ehrlich und zuverlässig ist. Wir kennen auch den entgegengesetzten engen und gezierten „Trippelschritt" unnatürlicher, verbildeter „Luxusgeschöpfe" oder den hastigen, nervösen „Temposchritt" ruheloser, überanstrengter Großstadtmenschen, für die Zeit Geld ist. Diese Gangarten sind kennzeichnend für die Engherzigkeit und den beengten Horizont, die innere Unruhe und Unausgefülltheit, Gehemmtheit und oftmals auch Unaufrichtigkeit solcher Menschen.

Wir kennen schließlich auch den „knieweichen" und „schlotternden" Gang des Feiglings, des entmutigten oder unangepaßten Menschen, der den Eindruck macht, als wolle er dauernd dafür um Entschuldigung bitten, daß er überhaupt da ist. Und wir erkennen den verkrampften, in seiner freien Entfaltung gehemmten Menschen daran, daß er „stocksteif daherstelzt" und durch sein übertrieben würdevolles Benehmen sich äußerlich den Halt zu geben versucht, der ihm innerlich fehlt. Wir sehen also, daß das „Auftreten" eines Menschen in der Tat weitgehend davon bestimmt wird, wie er „auftritt", d.h. wie er geht und seine Schritte setzt.

Damit sind wir eigentlich auch schon bei der *Haltung,* denn diese hat mit dem inneren und äußeren „Halt" zu tun, an dem wir uns aufrecht halten. Und die leiblich-seelische Wechselwirkung kommt uns ja gerade in dem Doppelsinn dieses Ausdrucks besonders deutlich zu Bewußtsein: Wenn wir von „aufrechter Haltung" sprechen, kann damit körperliches Aufgerichtetsein oder seelische Aufrichtigkeit gemeint sein. Und ebenso kann eine „gebeugte Haltung" durch eine körperliche Last, Müdigkeit usw. oder durch seelische Belastung, Niedergedrücktheit usw. verursacht sein.

Wir werden also stets in der leiblichen Haltung unmittelbar auch eine seelische Situation empfinden und umgekehrt unseren seelischen Zustand unwillkürlich in einer entsprechenden Körperhaltung offenbaren. Die aufrechte Haltung kann gestrafft, steif, angespannt, die gebeugte Haltung schlaff, lässig, gebrochen sein; wir können uns stramm, verkrampft, diszipliniert oder träge, gelöst, undiszipliniert halten - und verhalten.

Alle Ausdrücke, die eine körperliche Haltung kennzeichnen, haben auch den entsprechenden seelischen Sinn. Deshalb kann man an der äußeren Haltung eines Menschen seinen inneren Zustand ablesen, wobei man allerdings jeweils auch den Prozeß der Überwindung, Sublimierung, Reifung und „seelischen Vernarbung" in Betracht ziehen muß.

So finden Selbstbewußtsein und Sicherheit oder Entmutigung und Unsicherheit, weltzugewandte Tätigkeit oder ichbezogene Beschaulichkeit ihren deutlichen haltungsmäßigen Ausdruck ebenso wie die Grundrichtungen der persönlichen Einstellung: Eine hochmütige, überhebliche, „arrogante" Haltung wird sich in einer entsprechenden „hochnäsigen" Kopfhaltung und in übertriebenen, unnatürlichen, gezierten Bewegungen äußern - die entgegengesetzte demütige, unterwürfige, „servile" Haltung in gesenktem Kopf, entweder übereifrigen, eilfertigen, „fliegenden" oder gehemmten, gezwungenen, „verhaltenen" Bewegungen.

Hier wird deutlich, daß die Bewegungen eines Menschen mit seiner Haltung im weiteren Sinne untrennbar verknüpft sind, weil erst durch diese der Gesamteindruck hervorgerufen oder zumindest deutlich unterstrichen wird. Wie oft kommt es vor, daß ein Mensch scheinbar ruhig und gesammelt dasitzt, aber durch Trommeln auf der Tischplatte, Spielen mit einem Bleistift oder mit seinen Fingern, Zucken im Gesicht usw. seine Nervosität und innere Unruhe verrät.

Überhaupt gibt es sehr wenige Menschen, die ihre Hände ganz ruhig halten, längere Zeit in der gleichen Stellung auf einem Stuhl sitzen oder gar unbewegt warten können. Gerade die unwillkürlichen Ausdrucksbewegungen, die auf diese Weise zustande kommen, oder mit denen wir etwa ein Gespräch begleiten, sind also sehr bezeichnend für den Grad der Gezügeltheit oder Unbeherrschtheit, Harmonie oder Gespaltenheit, Gehemmtheit oder „Quecksilbrigkeit" eines Menschen.

Aber auch die zielbewußten Zweckbewegungen, die man bei der Arbeit oder bei sportlicher Betätigung beobachten kann, sind nicht weniger aufschlußreich; erkennt man doch in den sicheren, gewandten und abgerundeten, den Erfordernissen der jeweiligen Tätigkeit gemäß entweder weich gleitenden oder rasch und fest zupackenden Bewegungen sofort den Meister seines Faches, - oder umgekehrt an den unsicheren, ungeschickten und eckigen, hart stoßenden oder vorsichtig und zögernd „herumfingernden" Bewegungen den Lehrling oder Stümper.

Auch das angeborene Arbeitstempo oder die erworbene Übung zeigen sich in flinken, behenden, leicht von der Hand gehenden Bewegungen, während mühsame, schwer und plump wirkende oder fahrige Bewegungen darauf hindeuten, daß die Arbeit nicht richtig bewältigt werden kann, weil sie entweder überhaupt unangemessen ist oder doch im Augenblick zu viel oder zu schwer wird.

Schließlich ergeben sich aus dem Zusammenhang von Haltung und Bewegung auch bestimmte charakteristische Äußerungen bzw. Ausdrucksformen, die allerdings nur in ihrer Gesamtwirkung zu erfassen und nicht mehr in Einzelelemente aufzulösen sind:

Wir alle empfinden deutlich, wenn eine Haltung freundlich, entgegenkommend, liebevoll, beruhigend oder feindselig, herausfordernd, gehässig, aufreizend ist, und wenn uns jemand warm, aufgeschlossen, ermutigend, ja vielleicht sogar anfeuernd, mitreißend und begeisternd oder kühl, reserviert, abweisend, frostig, ja lähmend und herabsetzend gegenübertritt, - aber wir können diesen Eindruck kaum näher begründen.

Zum Abschluß dieses Kapitels noch ein Tip für lernbegierige Leser: Wer die beschriebenen drei Faktoren Gang, Haltung und Bewegung im besonders lebendigen und charakteristischen Zusammenwirken studieren will, der beobachte einmal die Menschen beim Tanzen. Wenn sie dabei einigermaßen Bewegungsfreiheit haben (und nicht bloß in einem überfüllten Raum „rythmisch auf der Stelle treten"), dann gibt es kaum eine andere Gelegenheit, bei der so viel vom Wesen einer Persönlichkeit zum Ausdruck kommt (daher gehört freier Ausdruckstanz zu den wesentlichsten Übungen jeder Art von Selbsterfahrungsgruppe bzw. Gruppentherapie).

D. Kopfform und Gesicht

Gewissermaßen das „Menschlichste“ am Menschen, worin er sich am meisten vom Tier unterscheidet, ist - neben den Händen - der Kopf, denn hier sind das Denkorgan und die wichtigsten Sinnesorgane konzentriert. Darum ist das Haupt in der Tat die „Haupt-sache“ auch für die Menschenkenntnis, indem man sowohl mittels Sinnes- und Denkfunktionen erkennt, als auch mittels Prägung von Kopfform und Gesicht selbst erkannt wird. Aus diesem Grunde schauen wir einem Menschen hauptsächlich ins Gesicht, wenn wir ihn näher kennenlernen wollen, - und so wollen auch wir uns nun in die charakteristischen Einzelheiten dieses „Spiegels der Seele“ vertiefen.

1. Proportionen

Die *Schädelkunde* (Phrenologie) ist eine umfangreiche und tiefschürfende Wissenschaft, auf die wir hier allerdings nicht näher eingehen können, denn wir müssen uns ja auf das beschränken, was von jedem ohne besondere Schwierigkeit anwendbar bzw. erkennbar ist. Dies ist aber bei der Schädelkunde nicht der Fall, denn dazu sind exakte Messungen, teilweise mit komplizierten Apparaten notwendig, die der Laie nicht ohne weiteres durchführen kann. Deswegen müssen wir uns mit dem begnügen, was man ohne technische Hilfsmittel und trotz der verdeckenden Haare noch von der Schädelbildung erkennen kann.

Zunächst erkennen wir die typischen Umrisse (Dreieck, Kreis, Rechteck), von denen schon gesprochen wurde, und darüber hinaus bei der Seitenansicht, ob wir es mit einem „Langschädel" oder mit einem „Rundkopf" zu tun haben. Nun erinnern wir uns an das sechste Grundgesetz der Menschenkenntnis und wenden es auf die Proportionen des Gesichts und des Profils an:

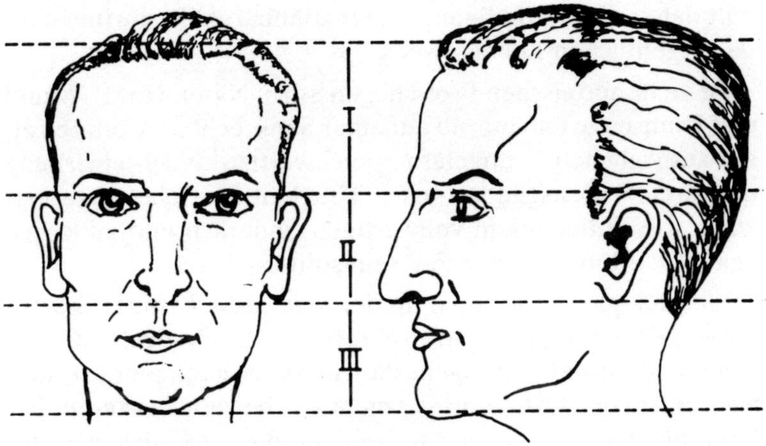

Demnach zeigen:

Zone I die Ausprägung des Geistig-Ideellen, der Vernunft bzw. der höheren Intelligenzfunktionen.

Zone II (in der die wichtigen Sinnesorgane Augen-Nase-Ohren liegen) die Ausbildung der seelischen Funktionen, des Gefühlslebens und der Gemütskräfte.

Zone III die Einstellung zum Materiellen, zu den Leibesfunktionen und zur stofflichen Wirksamkeit.

Daraus folgt im einzelnen (um mit der Seitenansicht zu beginnen): Zeigt das Profil ein Übergewicht der Stirn (nach vorn) und der Schädelwölbung (nach oben), so überwiegt die Vorstellungs- und Ideenwelt; der Mensch ist hauptsächlich geistig orientiert und hat seinen eigenen Sinn, bis zum Eigensinn.

Besteht ein Übergewicht der Nase (durch fliehende Stirn und zurückliegendes Kinn), so überwiegt das Selbstgefühl und das Darstellungsbedürfnis; der Mensch ist hauptsächlich affektbetont, da sowohl das höhere ethische Denken als auch die Realisierungskraft nur in geringem Maße vorhanden sind.

Ist das Kinn überbetont, indem es noch mehr vorspringt als die Nase oder besonders breit ist, so überwiegt das Naturhaft-Körperliche; der Mensch ist hauptsächlich triebbestimmt und hält daher die Befriedigung seiner triebhaften Bedürfnisse für den eigentlichen Lebenszweck.

Beim harmonischen Profil liegen Stirn, Nasenwurzel, Mund und Kinnspitze annähernd auf einer Senkrechten, wodurch eine ausgeglichene, ungefähr gleichwertige Wechselwirkung der drei Wesensglieder bzw. Tätigkeitsbereiche angezeigt wird, wie es bei einem vollwertigen, innerlich und äußerlich „ganzen" Menschen der Fall sein sollte.

Überhaupt erkennt man an der *Seitenansicht* mehr die unterbewußt wirkenden Antriebskräfte und Strebungen, die Anlagen und Grundrichtungen, die ein Mensch mitgebracht hat, während in der *Vorderansicht* mehr das bewußt Erkannte, Erlebte und Gewollte zum Ausdruck kommt, also das, was der Mensch aus sich gemacht hat bzw. woran er noch arbeitet.

Darum ist eben die Bildung des *Hinterkopfes* und des *Schädels* kennzeichnend für die Grundveranlagung eines Menschen, und zwar:

Zone I für das Erkenntnis- und Vervollkommnungsstreben, für Selbst- und Gottbewußtsein, höhere Empfindungen und Impulse (Rechtlichkeit, Ethik, Musikalität - man spricht ja geradezu von einem „musikalischen Hinterkopf" -, höhere Liebeskräfte usw.).

Zone II für das Streben nach Selbsterhaltung und persönlicher Sicherung, für Erwerbssinn und Tätigkeitsdrang, Emsigkeit, Lebenstüchtigkeit usw. (wobei sowohl die Rundung des Hinterkopfes als auch die Ausprägung über den Ohren zu beachten ist).

Zone III für die natürlichen Lebenstriebe, insbesondere Ernährung und Fortpflanzung, Selbstbehauptung (Wehrhaftigkeit) und Genuß (hierher gehört z.B. der bekannte „Stiernakken").

Ein „Langschädel" (Längsachse von Stirnmitte bis Hinterhauptsmitte länger als Breitenachse von Ohr zu Ohr) ist ein Zeichen für Weltzugewandtheit, Zielgerichtetheit, Tatimpuls, Organisationsgabe, Vielseitigkeit und Wendigkeit.

Ein „Rundschädel" (Längsachse und Breitenachse etwa gleich) ist ein Zeichen für Ichbezogenheit, Beschaulichkeit, Besitzstreben, bewahrende konservative Haltung, Ausdauer und Geduld.

Weiterhin ist zu beachten, daß normalerweise die *Ohrform* immer mit der Schädelform übereinstimmt und das Ohr genau in die Zone II hineinpaßt. Weicht die Ohrform erheblich von der Schädelform ab, so ist - wenn keine äußere Deformation vorliegt - mit Sicherheit auf eine abnorme innere Veranlagung zu schließen.

Ragt ein Ohr auffällig in Zone I hinein, so ist dadurch eine Überbetonung des Intellektuellen, der verstandesmäßigen Überlegung, ja Berechnung oder eine Neigung zu geistiger Verstiegenheit und Phantastik auf Kosten der eigentlichen Seelenkräfte und Gemütswerte angezeigt.

Ebenso werden diese wichtigen Faktoren der harmonischen Persönlichkeitsbildung beeinträchtigt, wenn das Ohr zu tief sitzt, also zu weit in Zone III hineinragt; in diesem Falle handelt es sich um eine zu starke Verhaftung an das Triebleben, an Genuß- und Besitzstreben (das Ohr wird im einzelnen in einem gesonderten Abschnitt behandelt).

Auch das Größenverhältnis von *Auge-Nase-Mund* untereinander ist von Bedeutung:

Augen groß, Mund und Nase klein: vorwiegend geistig gerichtet; Neigung zu Phantastik und geringer Wirklichkeitssinn.

Augen klein, Mund und Nase groß: vorwiegend ungeistig, sinnlich eingestellt; Neigung zur Prahlerei und Überbewertung des Materiellen.

Nase groß, Mund und Augen klein: „Großmannssucht",

mehr Schein als Sein; übertriebenes Selbstgefühl und Geltungsstreben.

Nase klein, Mund und Augen groß: reiches Innenleben und große Aufnahmefähigkeit, doch Gestaltungskraft und Durchsetzungswille gering.

Mund groß, Nase und Augen klein: Triebnatur von ausgesprochener Primitivität; Neigung zu Genußsucht und Ausschweifung.

Mund klein, Nase und Augen groß: sehr intellektuell und selbstbewußt; Neigung zu Rechthaberei bei mangelnder materieller Verwirklichungsfähigkeit.

Das durch Augen und Mund gebildete Dreieck ist ebenfalls aufschlußreich:

Je näher die Augen beisammen und je weiter sie vom Mund entfernt sind, desto mehr überwiegt das Geistig-Seelische, desto wirksamer sind Empfindungen und Empfänglichkeit, Aufgeschlossenheit und Aufnahmebereitschaft, desto größer ist allerdings auch die Gefahr einseitiger Verstiegenheit und Weltflucht.

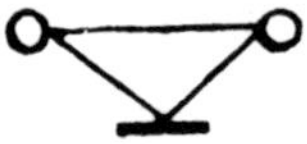

Je weiter die Augen auseinander liegen und je geringer ihre Entfernung vom Mund ist, desto mehr überwiegt das Sinnlich-Materielle, desto realistischer ist die Gesinnung und desto ungehemmter wird in extremen Fällen rücksichtsloser Egoismus vorherrschen.

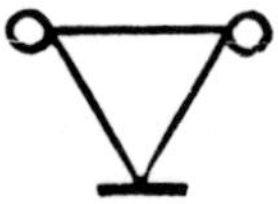

Bildet die Entfernung der Augen untereinander und vom Mund ein gleichseitiges Dreieck, so deutet dies auf eine harmonische Persönlichkeit hin, bei der Geistiges und Materielles sich in ausgewogenem Gleichgewicht befinden, der es allerdings auch an der notwendigen Entschiedenheit, Festigkeit und Zielsicherheit mangeln kann.

Zusammenfassend können wir feststellen :

Langes Gesicht mit Betonung der Oberpartie bedeutet vorwiegend geistige Interessen und intellektuelle Betätigung.

Breites Gesicht mit Betonung der Unterpartie bedeutet vorwiegend materielle Interessen und Handarbeit.

Ein langes und breites Gesicht mit gleichgewichtiger Ausprägung der Ober- und Unterpartie deutet auf vielseitige Interessiertheit und gute Verbindung von Intelligenz und praktischer Geschicklichkeit (Vgl. die Konstitutionstypen Seite 43).

Schließlich wird die Gesichtsform auch noch von der Breite der *Jochbeine* bestimmt.

Sie sind kennzeichnend für die seelische Widerstandskraft oder Wandelbarkeit:

Breite Jochbeine deuten daher auf seelische Beharrlichkeit, Zähigkeit und Festigkeit, woraus allerdings auch Starrsinn, Unbelehrbarkeit und Verhärtung entstehen kann (dies hindert jedoch nicht das gelegentliche Hervorbrechen einer ungezügelten Wildheit, die ab und zu die starre Hülle sprengt).

Schmale Jochbeine zeigen umgekehrt seelische Elastizität und Wandelbarkeit, Anpassungsfähigkeit und Lernbereitschaft an, was sich aber auch als allzu leichte Beeinflußbarkeit und Unterwürfigkeit oder Unbeständigkeit und Wankelmütigkeit in negativer Weise auswirken kann.

2. Die Stirn.

Die Stirn (die nicht bloß bis zum Haaransatz reicht, sondern bis zum Scheitel, d.h. zum höchsten Punkt des Schädels) ist kennzeichnend für die Art und den Grad des *Bewußtseins*. Auch für die Stirn gilt das Gesetz der dreifachen Gliederung:

Eine stark entwickelte *Oberstirn* (Zone I) zeigt, daß die *höheren Bewußtseinsfunktionen* (Imagination, Inspiration und Intuition) vorherrschend sind. Bei solchen Menschen können wir also auf philosophische oder religiöse Veranlagung, ausge-

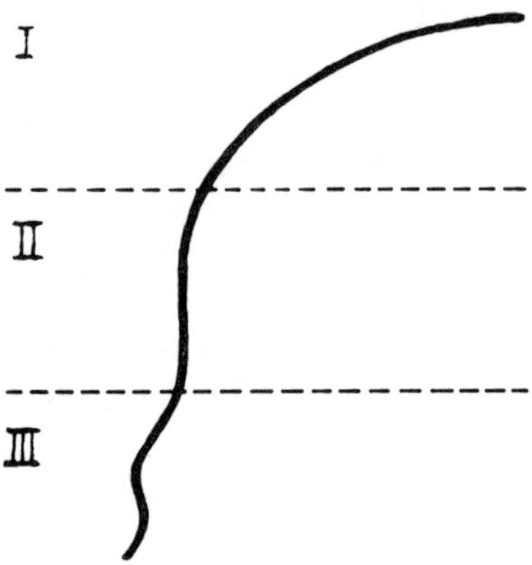

prägten Sinn für das Irrationale (also das rationale Begriffsvermögen Übersteigende), sittliches Streben und auf eine vorwiegend auf Erfüllung geistiger Werte gerichtete Lebenseinstellung schließen.

Eine stark zurückweichende Oberstirn (sogenannte „fliehende Stirn“) zeigt dagegen den Mangel oder das Fehlen der genannten Eigenschaften bzw. Verhaltensweisen. Dies braucht aber keineswegs einen Mangel an Intelligenz überhaupt zu bedeuten, denn bei gut entwickelter Mittel- und Unterstirn kann die theoretische und praktische Intelligenz durchaus in überdurchschnittlichem Maße vorhanden sein, und es können sogar Spezialbegabungen vorliegen, nur wird sich dies alles eben weniger in idealistischer, selbstloser Weise, sondern mehr realistisch und egoistisch auswirken.

Die Ausprägung der *mittleren Stirn* (Zone II) zeigt besonders gut entwickeltes *theoretisches Denken.* Solche Menschen verfügen also über scharfe Logik (Schlußfolgerung) und genaue Begriffsbildung (Abstraktion), rasche Auffassung und gründliche gedankliche Verarbeitung, umfangreiches Wissen und sichere Urteilsfähigkeit, Einteilung (Disposition) und Übersicht (Kombination), Geistesgegenwart (Situationsbewältigung) und evtl. auch sprachliche oder mathematische Spezialbegabung.

Die *untere Stirn* (Zone III) zeigt das *praktische Denken* und die Orientierungsfähigkeit im Gegenständlichen. Die Stärken solcher Menschen sind gute Beobachtungsgabe bzw. das Beachten der Einzelheiten und Feinheiten, Finden der konkreten Anwendungsmöglichkeiten des Erkannten, räumliches Vorstellungsvermögen, technische und handwerkliche Begabung. Für die starke Ausprägung dieses praxisbezogenen Bewußtseins sind die Wülste über den Augen besonders bezeichnend.

Diese Dreiteilung ist nicht nur im Profil erkennbar, sondern zeigt sich auch in der Vorderansicht an der *Stirnbreite:* In welcher Zone der Schädel am breitesten ist, da liegt auch der Schwerpunkt des Bewußtseins. Wenn keine Zone besonders hervortritt, die Stirn also annähernd senkrecht abfällt, sind auch die entsprechenden Bewußtseinsbereiche gleichmäßig entwickelt.

Im einzelnen ist das *Orientierungsvermögen* in der gegenständlichen Welt folgendermaßen zu lokalisieren:

Hier ist allerdings die folgende Fehlerquelle zu beachten: Wenn jemand kurzsichtig oder schwerhörig ist, so bekommt er ebenfalls die senkrechten Falten über der Nasenwurzel, denn er muß sich ja ständig stärker konzentrieren als Menschen mit normal funktionierenden Sinnesorganen.

Direkt über der Nasenwurzel liegt der „Konzentrationspol", d.h. bei besonders scharfer Beobachtung oder konzentriertem Nachdenken zieht sich die intellektuelle Anstrengung gewissermaßen an dieser Stelle zusammen, was in den scharfen senkrechten Falten zum Ausdruck kommt, die hier zeitweise oder dauernd sichtbar werden.

Links und rechts vom Konzentrationspol nach den Schläfen zu zeichnen sich die folgenden Fähigkeiten ab (in der Reihenfolge von innen nach außen):

1. Formensinn (plastisches Sehen von Figuren und Gesichtern)
2. Raumsinn (Perspektive, Entfernung, Einteilung)

Beide zusammen ergeben den Ortssinn, d.h. die allgemeine räumliche Orientierung.
3. Farbensinn (Unterscheidung der Farbnuancen)
4. Ordnungssinn (Zuordnung, Überblick, Organisation)
5. Zahlensinn (Beziehung, Qualitäts- und Quantitätserfassung)
Als höhere Funktion ergibt sich daraus der Zeitsinn, d.h. das Erkennen von Abläufen, Rhythmen und Perioden.
Zusammenfassend merken wir uns:

Die *Höhe* der Stirn weist auf die Tiefe der Erkenntnis und die Reichweite des Bewußtseins hin, die *Breite* auf die Fassungskraft und die Fähigkeit der Verarbeitung im einzelnen.

3. Die Nase

Während das Obergesicht die Beziehung zum Geistigen darstellt, zeigt das Mittelgesicht mit seinen Hauptexponenten Nase und Ohren die Beziehung zum Seelisch-Gemüthaften.

Hierbei kennzeichnen die Ohren mehr die passiv-empfängliche, empfindungsmäßige, weltoffene Seite, die Nase mehr die aktiv-sich-darstellende, strebende und formende, ichbezogene Seite. In der Nase kommen also hauptsächlich *Persönlichkeitsanspruch, Selbstwertgefühl und Durchsetzungsstreben* zum Ausdruck: So wie die Nase aus dem Gesicht springt, so stellt sich der Mensch in die Welt.

Hat z.B. jemand eine lange, aber nicht weit vorspringende Nase, so ist er zwar egozentrisch, d.h. er beschäftigt sich viel mit sich selbst und bezieht alles auf sich, aber er ist ausgesprochen friedlich und in seinen Anforderungen an die Umwelt maßvoll. Hat dagegen jemand eine kurze, jedoch weit vorspringende Nase, so ist zwar sein Selbstwertgefühl weniger ausgeprägt, doch ist er um so anspruchsvoller und aggressiver.

Auch für die Nase gilt das Gesetz der Dreigliederung:

Zone I: Verbindung des seelischen Aufnehmens und Verarbeitens mit dem geistigen Bewußtsein, d.h. der in der *Auffas-*

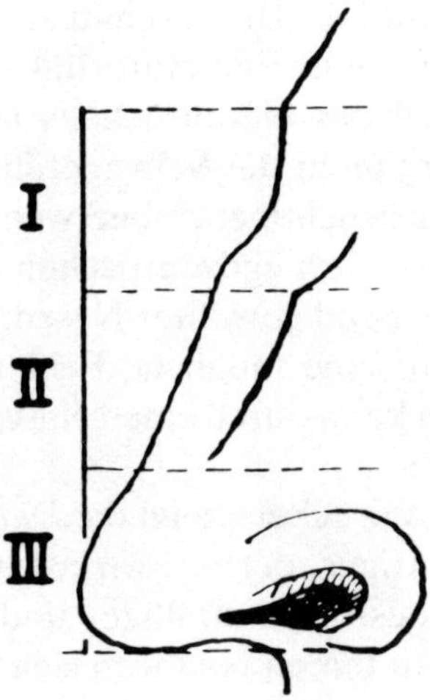

sung sich vollziehende Prozeß, durch den die konzentrierte Beobachtung zum bewußten Verständnis führt.

Je tiefer also die Einbuchtung an der *Nasenwurzel* ist, desto langsamer ist die Auffassung und desto schwieriger die seelische Verarbeitung, desto gründlicher und andauernder kann aber auch das Aufgenommene haften bzw. wirken. Bei Brillenträgern ist zu beachten, daß die natürliche Einbuchtung künstlich verstärkt wurde, man also dieses Merkmal nicht überbewerten darf. Je flacher der Übergang von der Stirn zur Nase verläuft, desto rascher und leichter ist die Auffassung und desto unbeschwerter die seelische Reaktion, desto größer ist aber auch die Gefahr der Oberflächlichkeit und Flüchtigkeit.

Zone II: die eigentliche seelische Aktivität im bewußten *Persönlichkeitsanspruch* und im unterbewußten *Selbstwertgefühl.*

Je mehr also der *Nasenrücken* ausgewölbt ist, desto größer ist die Ichbetonung und der Herrschaftswille, desto rücksichtsloser und aggresiver ist die Gesamthaltung. Je eingefallener der Nasenrücken ist, desto geringer ist die egoistische und dominierende Tendenz, desto größer ist die Gemeinschaftsbezogenheit und die Bereitschaft zur Unterordnung, ja Unterwerfung unter irgendeine Autorität.

Da der obere Teil des Nasenrückens mehr die Selbstbehauptung, der untere mehr das Selbstgefühl ausdrückt, ergibt sich bei einer herrschsüchtigen, aber weniger selbstbezogenen, oder umgekehrt stark egozentrischen, aber friedfertigen Haltung ein entsprechend gewellter Nasenrücken. Hierbei ist allerdings wieder auf eine mögliche Fehlerquelle zu achten: Die natürliche Form kann durch einen Nasenbeinbruch verändert sein.

Die *Breite* des Nasenrückens zeigt die *Darstellungsfähigkeit:* je breiter, desto kräftiger, derber, wirkungsvoller und deutlicher; je schmaler, desto unauffälliger und zurückhaltender, nur andeutend und in feinen Nuancen sich ausdrückend.

Zone III: die seelische Verbindung mit der materiellen Welt, die wir mit Genuß bezeichnen.

Je spitzer, knochiger und feiner also die *Nasenspitze* ist, desto weniger Vorliebe besteht für grobe Genüsse und das Vertilgen großer Mengen. Entweder ist man völlig prüde und asketisch, oder man liebt nur hochqualifizierte Genüsse, ist also ein „Feinschmecker“ in jeder Beziehung.

Je fleischiger, dicker und gröber die Nasenspitze ist, desto größer ist die Genußfreude, desto mehr wird beim Genießen Quantität und Primitivität geschätzt. Die Redensart: „Ich sehe es Dir an der Nasenspitze an“ beruht eben doch auf tatsächlicher Erfahrung, denn dem Physiognomiker offenbart sich hier gerade einiges aus der „Intimsphäre“, - und die blau-rote, fleischige Trinkernase erkennt sogar der Laie.

Zur Zone III gehören auch die *Nasenflügel,* die für die *Lebenskraft* kennzeichnend sind.

Enge und schlaffe Nasenflügel zeigen eine ungenügende Atmung an, die wiederum einen schwächlichen, „engbrüstigen“ Menschen erkennen läßt, der auch in seiner gesamten Lebenshaltung ein „Duckmäuser“ oder „Leisetreter“ ist.

Sind die Nasenflügel dagegen markant geschwungen und elastisch, so ist die Atmung tief und kräftig, was wiederum

Ausdruck einer kraftvollen, in jeder Hinsicht leistungsstarken Lebensenergie und vitalen Erlebnisfähigkeit ist (wie z.B. die vibrierenden Nasenflügel einer erotisch stark ansprechbaren Frau deutlich zeigen).

Schließlich zeigt die Neigung des *Nasenstegs* (Verbindung der Nasenspitze mit der Oberlippe) die seelische *Grundhaltung* zu Welt und Leben.

Aufsteigend: optimistisch, unbeschwert und heiter, oft auch zu Naivität und Keckheit neigend („Himmelfahrtsnase“).

Absteigend: pessimistisch, grüblerisch und tiefgründig, zu Resignation und Schwermut neigend.

Gerade: sachlich, neutral und nüchtern, zugleich weltzugewandt und in sich ruhend.

Einige Beispiele mögen zeigen, wie man mit diesem „Dreier-Schlüssel“ die Nasen der Menschen „aufschließen“ kann:

Die *„Sattelnase“* (Kindernase und slawische Nase) deutet auf langsame bzw. schwerfällige Auffassung, unentwickeltes Selbstgefühl, leichte Beeinflußbarkeit und geringe Selbständigkeit, Neigung zu Unberechenbarkeit und Launenhaftigkeit, Genußliebe bzw. Hingegebenheit an das Irdische und Leibliche.

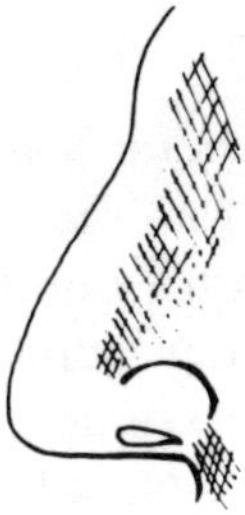

Die *„Hakennase“* (römische bzw. dinarische und Indianernase) bedeutet das Gegenteil: rasche Auffassung und starke Selbstbehauptung, besonders ausgeprägtes Ehrgefühl, Willens- und Verstandesbetonung, Tatsachensinn und Tatkraft, mehr nach Macht und Einfluß als nach leiblichen Genüssen strebend.

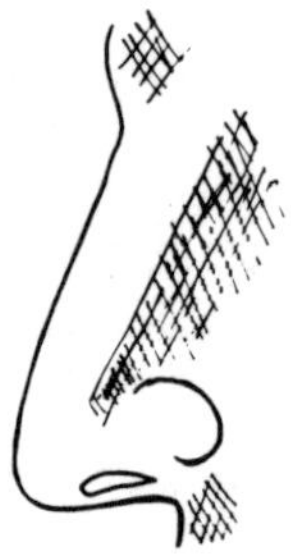

Die *„Gelehrtennase"*, die mit geradem Rücken und in spitzem Winkel aus dem Gesicht ragt, zeigt ausgeprägte Selbstsicherheit, ja Neigung zur Überheblichkeit, Vestandesbestimmtheit bei geringer Gefühlsentwicklung, strikte Neutralität, auch sich selbst gegenüber, Gründlichkeit bis zur Kleinlichkeit und Wahrheitsliebe bis zur Rechthaberei.

Die *„griechische Nase"* ist kennzeichnend für besonders rasche Auffassung und geistige Beweglichkeit, was allerdings auch die Gefahr der Oberflächlichkeit bzw. Voreiligkeit mit sich bringt, für maßvolles Selbstbewußtsein, Ausgeglichenheit und gezügelte Vitalität, oft auch mit einer „philosophischen Ader" verbunden.

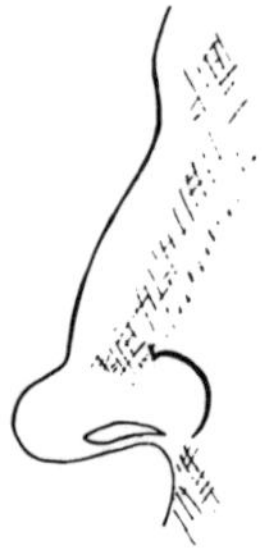

Die *„vorwitzige Nase"* mit dem vorspringenden „Knödel" an der Spitze ist charakteristisch für Menschen mit gesteigerter Wißbegier. Die Redensart: „Seine Nase in anderer Leute Angelegenheit stecken" ist sicherlich von einer solchen Nase abgeleitet.

Da alle anderen Nasenformen nur verschiedene Variationen der hier beschriebenen darstellen, wird der aufmerksame Leser künftig an Hand dieser „Nasenmusterkarte" durch entsprechende Abwandlung und Kombination der genannten Merkmale sicherlich jede Form richtig deuten können. Und vielleicht wird er sich auch einmal „an die eigene Nase fassen" und sich dabei an das erinnern, was anfangs über Selbsterkenntnis gesagt wurde.

4. Das Ohr

Wie schon erwähnt, zeigt das Ohr die seelische Empfänglichkeit für die Umwelt und die Empfindungstiefe der Beeindruckbarkeit, die „Feinstruktur" des Gemüts und die „Innenkultur" der Persönlichkeit, die insbesondere in den künstlerischen Talenten zum Ausdruck kommt.

Große Ohren zeigen daher starke Empfänglichkeit und Empfindungskraft, große Eindrucks- und Ausdrucksfähigkeit, Vielseitigkeit und Betätigungsdrang, allerdings auch die Tendenz zum Groben, Massiven und Derben. Im musischen Bereich werden kräftige Farben und grelle Töne bevorzugt, und es besteht überhaupt ein Hang zum „Monumentalen".

Kleine Ohren deuten umgekehrt auf geringe bzw. subtile Empfänglichkeit und Empfindung, gehemmten Ausdruck, Unbeständigkeit, Schüchternheit und Ängstlichkeit. In jeder Beziehung wird das Unaufdringliche und Gedämpfte, die leise Tonart und das fein strukturierte „Filigran" geschätzt.

Anliegende Ohren zeigen geringe vitale Spannkraft und infolgedessen Mangel an Impulsivität und Entschlußkraft, konservative Haltung und Friedensliebe, Zurückhaltung und Anspruchslosigkeit, Fügsamkeit bis zur Unterwürfigkeit (darauf bezieht sich der soldatische Ausdruck „die Ohren anlegen").

Mäßig abstehende Ohren deuten auf stärkere vitale Spannkraft, die in Betätigungs- und Äußerungsdrang, Ideenreichtum, Diskussionslust, lebendiger Anteilnahme an allem Geschehen, Offenheit und Aufgeschlossenheit zum Ausdruck kommt.

Weit abstehende Ohren („Henkel- oder Segelohren") sind kennzeichnend für übersteigerte Spannkraft und ungehemmte Impulsivität, unbändigen Tatendrang und Erlebnishunger, der gerne „über die Stränge schlägt".

Solche Ohren können aber auch, insbesondere wenn sie noch rot angelaufen (stark durchblutet) sind, Zeichen unbewältigter Energiestauung sein, etwa bei einem introvertierten Choleriker oder einem allzu streng Erzogenen bzw. in seinem Wirkenwollen (Tätigkeitsdrang) Frustrierten. Abstehende Ohren bei Kleinkindern können infolgedessen kaum durch Ankleben am Kopf beseitigt werden, wohl aber durch Förderung aktiver Betätigung und freiheitliche Erziehung.

Eine *schräg sitzende Ohrachse* deutet auf diplomatische Klugheit; wenn dieses Merkmal besonders auffällig ist, sogar auf Unaufrichtigkeit, Verstellung und Heuchelei.

Eine *gerade bzw. senkrechte Ohrachse* weist umgekehrt auf Geradheit, Offenheit und Wahrhaftigkeit hin, also auf die Unfähigkeit, sich zu verstellen und diplomatische Schliche zu gebrauchen.

Um den Aufbau des Ohres im einzelnen zu studieren, benützen wir wieder den bewährten Dreier-Schlüssel:

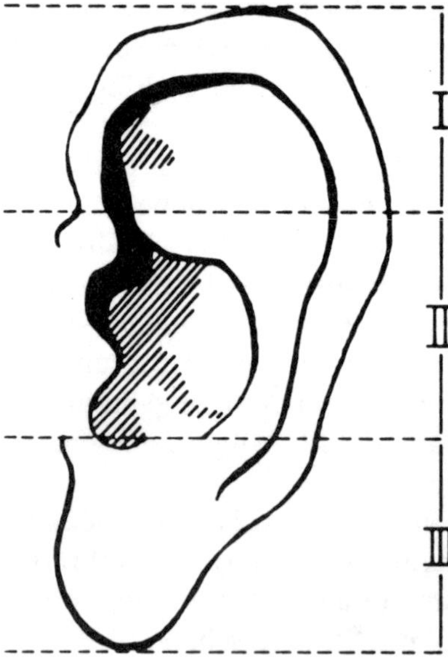

Das Oberohr (Zone I) zeigt die Verbindung der seelischen Empfänglichkeit mit den Bewußtseins-Bereichen, also die Auswirkung der höheren Empfindungskräfte und die Wirksamkeit der Gemütswerte im Denken.

Je harmonischer und wohlgerundeter das Oberohr ist, desto vollkommenere Ausgewogenheit besteht also zwischen Fühlen und Denken, Gemüt und Verstand. Je unausgeprägter bzw. unausgeglichener die Rundung ist, desto primitiver bzw. disharmonischer ist die psychische Struktur. Laufen die Ohren gar nach oben spitz zu oder sind sie in sonstiger Weise verbildet (etwa durch Ecken und Knoten), so deutet dies auf eine anormale Veranlagung hin, die vom harmlosen „Tick“ bis zum psychischen Defekt reichen kann. Dies ist durch die Korrespondenz von Oberohr und Oberschädel bedingt (hierbei ist allerdings wieder eine Fehlerquelle zu beachten: die evtl. durch eine Zangengeburt verursachte Deformierung).

Im musischen Bereich kennzeichnet das Oberohr (wenn es besonders ausgeprägt und das Ohr dort am breitesten ist) die sprachlich-literarische („schöngeistige“) Begabung.

Das Mittelohr (Zone II) zeigt die eigentliche seelische Empfänglichkeit und die Entfaltung der Gemütskräfte vor allem im ästhetischen Empfinden und künstlerischen Schaffen. Bei stark ausgeprägter Innenplastik können wir auf Feinfühligkeit und Beeindruckbarkeit, seelische Bildungsfähigkeit und Gemütsansprechbarkeit schließen. Je gröber und undifferenzierter das Innere der Ohrmuschel ausgebildet ist, desto gröber, primitiver und stumpfer ist auch das Seelenleben. Ist das Ohr hier am breitesten, so ist die bildnerisch-künstlerische Begabung entsprechend ausgeprägt. Wenn auch noch das Ohrloch besonders groß ist, besteht eine starke musikalische Veranlagung entweder im tonalen oder im rhythmischen Bereich. Wird diese Veranlagung aktiviert bzw. praktisch ausgeübt, so zeigt sich dies in einer immer deutlicher hervortretenden Verknorpelung.

Ist der *Ohrrand* stark eingerollt, so besteht die Neigung zu Zurückhaltung bis zur Verschlossenheit. Ein flacher Rand zeigt das Bedürfnis, aus sich herauszugehen und sich mitzuteilen (siehe den introvertierten und extravertierten Typus Seite 30).

Das Ohrläppchen (Zone III) zeigt die Verknüpfung des Seelischen mit dem Körperlichen (Psycho-physische Wechselwirkung) im allgemeinen und die Wirksamkeit des Kreislaufes im besonderen. Ein gut entwickeltes und durchblutetes Ohrläppchen deutet also auf einen stabilen, robusten Organismus und eine entsprechende Seelenverfassung. Umgekehrt ist ein zartes und blasses Ohrläppchen ein Kennzeichen von Schwächlichkeit, Empfindlichkeit und Mangel an Lebensenergie. Angewachsene Ohrläppchen lassen sowohl körperlich auf konstitutionelle Kreislaufschwäche und geringe Belastbarkeit, als auch seelisch auf plötzliches Erlahmen der Willens- und Gedankenkräfte (mangelnde Ausdauer und Konzentrationsschwäche), Unbeständigkeit und Stimmungsschwankungen schließen.

Nase und Ohren sind relativ unbeweglich, wogegen Mund und Augen sehr beweglich und daher die Hauptfaktoren des Mienenspiels (der Mimik) sind. Nase und Ohren spiegeln daher mehr die Grundstruktur der angeborenen Veranlagung, während Augen und Mund mehr die erworbene Prägung und Entwicklung und den jeweiligen Zustand im ständig sich wandelnden Fluß der Gedankenströme und Gemütsbewegungen zum Ausdruck bringen (wobei allerdings in der Augenstellung und Mundform auch viel Angeborenes bzw. Strukturelles enthalten ist).

5. Der Mund.

Der Mund dient sowohl zur engen Verbindung mit der Materie (Nahrungsaufnahme) als auch zum Kontakt mit unseren Mitmenschen (Sprache, Kuß). In ihm spiegelt sich also sowohl der Stoffwechselprozeß bzw. der Zustand der inneren Organe (Korrespondenz mit Lippen und Mundwinkeln) als auch die intellektuelle und emotionale Ausdrucksfähigkeit (Sprachtechnik und Mimik).

Ein *großer Mund* zeigt starke Erlebnisfähigkeit und gesteigerten Drang zur persönlichen Auswirkung in lebendiger und sinnenfreudiger Aktivität. Es besteht aber auch die Neigung zur Unersättlichkeit in jeder Beziehung. Insbesondere bei Frauen kann man auf einen starken männlichen Einschlag oder vorherrschende Sinnlichkeit schließen (Korrespondenz von Nasen- und Mundform mit den Geschlechtsorganen).

Ein *kleiner Mund* zeigt geringere Erlebnisfähigkeit und schwächere persönliche Ausdruckskraft. Es besteht Genügsamkeit, ja Beengtheit mit der Neigung zu Engherzigkeit oder Selbstgefälligkeit (Selbstbespiegelung). Bei Männern überwiegt die weibliche Komponente.

Die *Mundwinkel* zeigen sowohl die im Augenblick vorherrschende Stimmung als auch die allgemeine Lebensgestimmtheit.

Bei *aufsteigenden* (hochgezogenen) Mundwinkeln sind Optimismus, Zuversicht, Frohsinn, Selbstsicherheit und Unbeschwertheit lebensbestimmend. Eine charakteristische Bildung der Fältchen an den Mundwinkeln ist kennzeichnend für die Art des Humors: ob gutmütig, spottlustig, ironisch oder sarkastisch.

Bei *abfallenden* (herabhängenden) Mundwinkeln herrschen Pessimismus, Entmutigung, Resignation, Gehemmtheit, Bedrücktheit durch Kummer und Sorgen vor. Dabei deuten links herabgezogene Mundwinkel auf Neid und Mißgunst oder gar Lebensüberdruß, rechts herabhängende auf Menschenverachtung und die Neigung, andere bloßzustellen oder gar zu erniedrigen.

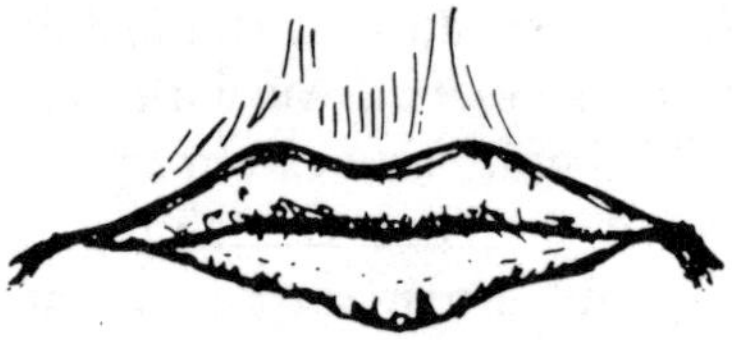

Hängen nicht nur die Mundwinkel, sondern ist der ganze Mund verzogen, so hat sich die allgemeine Lebensverneinung zu Verbitterung, Gehässigkeit und zersetzender Kritiksucht gesteigert (dieses Bild findet man daher oft bei enttäuschten und verhärteten alten Leuten).

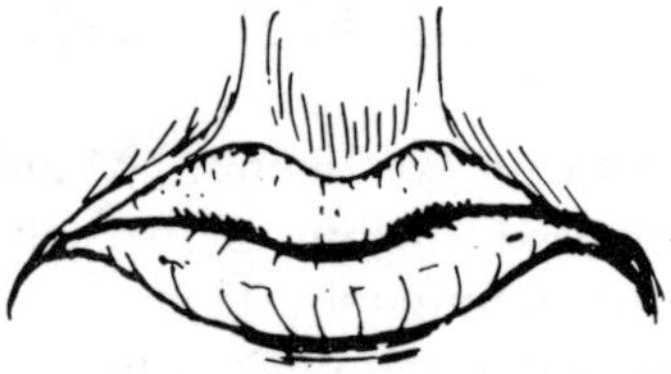

Besonders kennzeichnend sind die *Lippen:* Je voller und fleischiger die Lippen sind, desto stärker ist die Erlebnisfähigkeit und Sinnenfreude bis zur Genußsucht, insbesondere wenn die Lippen auch noch leicht geöffnet sind.

Je schmaler und fleischloser die Lippen sind, desto unsinnlicher und „trockener", unzugänglicher und strenger mit sich und anderen ist der Mensch. Wenn die Lippen auch noch fest aufeinander gepreßt sind, spricht man treffend von „Verkniffenheit".

Die *Oberlippe* entspricht mehr der objektiven, sachlichen und gedanklich verarbeitenden Einstellung zum Erlebten. Tritt sie also im Profil stärker hervor als die Unterlippe, besteht Toleranz und Zügelung. Bei stark zurücktretender Unterlippe ist das Selbstgefühl zu schwach entwickelt, so daß Schüchternheit und Mangel an Durchsetzungsvermögen bis zur Hilflosigkeit angezeigt sind.

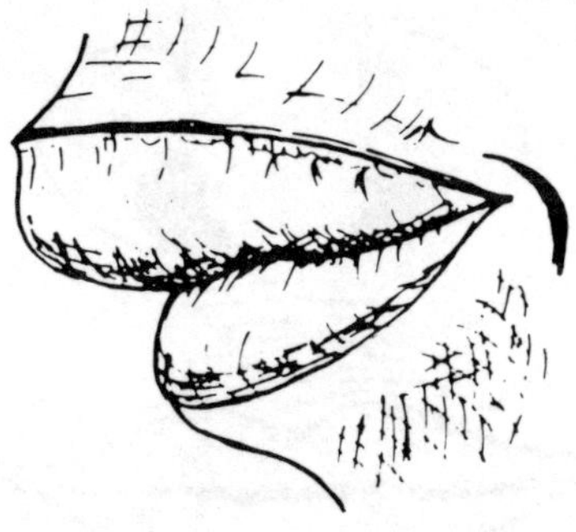

Die *Unterlippe* entspricht mehr dem subjektiven, ichbetonten und triebhaften Erleben. Tritt sie also stärker hervor, so besteht rigorose Selbstbehauptung sowie Neigung zur Unbeherrschtheit und Unduldsamkeit. Ist die Unterlippe noch dazu wulstig und schlaff, zeigt dies Bequemlichkeit und Trägheit, verbunden mit triebhafter Sinnlichkeit.

Zur *Oberlippe* gehört jedoch nicht nur der rote, dünnhäutige Teil, sondern sie reicht vom Nasenende bis zur Mundspalte. Ist also die ganze Oberlippe *lang und straff,* so deutet dies auf gute Konzentration und denkbestimmtes Erleben (bei Frauen also auf eine starke männliche Komponente).

Die *kurze* Oberlippe gehört dagegen zu einem weichen, unausgeprägten Mund, dem auch eine charakterliche Weichheit und Zaghaftigkeit entspricht.

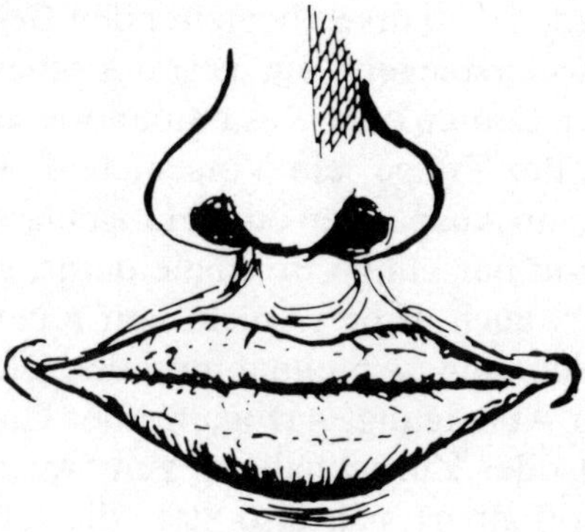

Ist die Oberlippe deutlich *dreifach geschwungen,* so zeigt dies besonders entwickelten Schönheitssinn, ein feines ästhetisches Empfinden und musische Veranlagung.

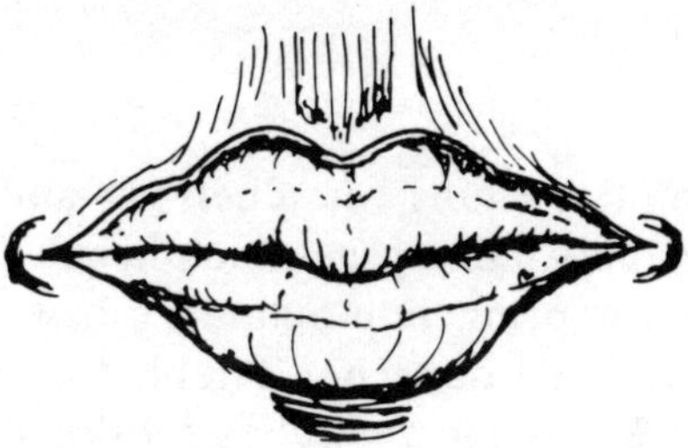

Ist die Oberlippe dagegen *ungegliedert,* wenig geschwungen oder gar plump, so ist dies ein Zeichen von Gemütsverhärtung, Schroffheit bis zur Rücksichtslosigkeit und von amusischer Primitivität bis zur Geschmacklosigkeit.

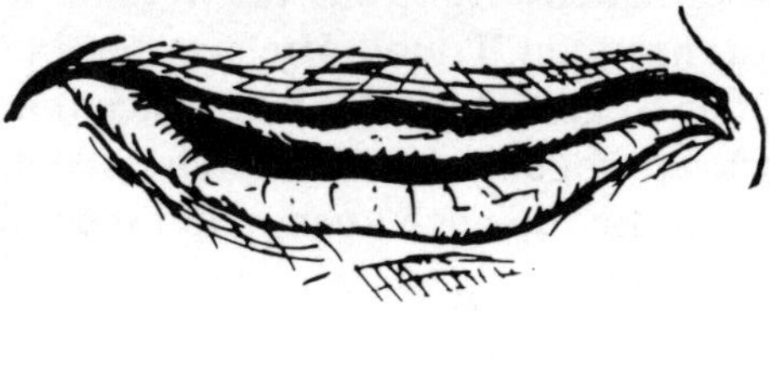

Insgesamt ist zu beachten, daß der Mund ebenso wie der Augenausdruck (von dem später noch ausführlich zu reden sein wird) die jeden Gedanken begleitenden *Gemütsbewegungen* deutlich widerspiegelt: ein verräterisches Zucken der Mundwinkel, ein Öffnen oder Zusammenpressen der Lippen, ein Spielen mit der Zunge, ein Vorschieben oder Einziehen der Unterlippe, ein Anspannen oder Hängenlassen des Unterkiefers, - das sind nur einige Beispiele dafür, daß der Mund immer „spricht", auch wenn er nicht laut redet, um Zustimmung oder Ablehnung, Anteilnahme oder Gleichgültigkeit, Zuneigung oder Abneigung, Arroganz oder Unterwürfigkeit, Zudringlichkeit oder Zurückhaltung zum Ausdruck zu bringen. Dadurch offenbart sich also stets die tatsächliche Gemütsverfassung und wahre Gesinnung, auch wenn die gesprochenen Worte vielleicht das Gegenteil glaubhaft machen wollen. Durch Augen, Mund und Stimme wird sich daher ein Heuchler oder Lügner dem Kundigen immer verraten.

6. Das Kinn

Die Bedeutung des Kinns verstehen wir am besten, wenn wir es unter dem entwicklungsgeschichtlichen Gesichtspunkt betrachten. Die vorspringende Schnauze bzw. der Schnabel sind ein Hauptmerkmal tierischer Triebhaftigkeit, so daß die Ausprägung des Kinns ein typisches Merkmal des Menschseins darstellt: Es zeigt an, in welchem Maße die angreifenden, vorstoßenden Triebkräfte zurückgenommen, gezügelt und dem von der bewußten Überlegung und Entschlußkraft gesteuerten Willen unterstellt werden.

Die gewissermaßen direkt aus der Region des Kleinhirns nach vorn drängenden Triebkräfte werden beim Menschen von der aus der Region des Großhirns nach unten wirkenden Bewußtseinskraft abgebremst. Dadurch entsteht ein Parallelogramm der Kräfte, das sich eben in der menschlichen Kinnbildung ausdrückt.

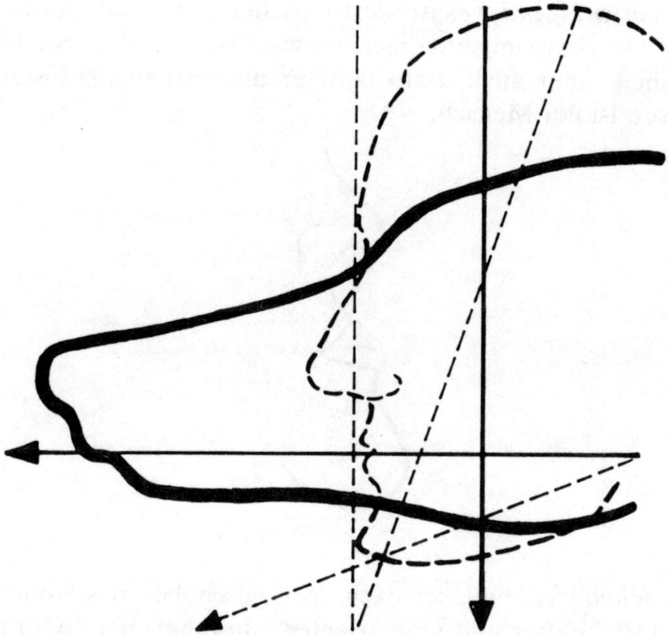

So wird der Ausspruch von Lavater verständlich: „Je mehr Kinn, desto mehr Mensch".

Die Kinnspitze korrespondiert mit dem Scheitel: Je länger die Verbindungslinie zwischen diesen beiden Punkten, die sogenannte „Willensachse", ist, desto größer ist die Fähigkeit des Menschen, anstatt von niederen Triebkräften bestimmt zu werden, höhere intuitive Impulse in die Tat umzusetzen und so nicht mehr bloß ein „Getriebener" oder „Geschobener" zu sein, sondern ein aus freiem Willensentschluß heraus verantwortlich Handelnder (bzw. gegebenenfalls auch freiwillig Verzichtender, was unter Umständen noch mehr Willenskraft erfordert). Durch diese Zusammenhänge wird auch das oben (Seite 104 - 107) über die Schädelbildung im allgemeinen und die Bedeutung von Lang- und Kurzschädel im besonderen Gesagte noch verständlicher.

Das Kinn ist also kennzeichnend für die *Willenskraft:*

Je *vorspringender* es ist, desto rascher und impulsiver wirkt der Wille, desto ungeduldiger, vorwärtsstürmend bis zur Tollkühnheit, aber auch desto heftiger und erregbarer bis zum Jähzorn ist der Mensch.

Je *schnauzenähnlicher* nach vorn geschoben das Kinn ist, desto triebhafter und unüberlegter, „tierähnlicher“ wird der Mensch reagieren.

Je *zurückfallender* das Kinn ist, desto energieloser, unentschlossener und ängstlicher ist der Mensch. Er wird von jeder

Kleinigkeit „umgeworfen“, resigniert beim geringsten Widerstand und ist daher kaum fähig, sich zu behaupten oder gar energisch zur Wehr zu setzen.

Die *Länge* des Kinns ist kennzeichnend für die Zielstrebigkeit des Willens. Je ausgeprägter sie also ist, desto unbeirrbarer und konsequenter hält der Mensch an dem fest, was er sich einmal in den Kopf gesetzt hat, desto unbelehrbarer und eigensinniger kann er aber auch sein.

Die *Breite* des Kinns zeigt die Wucht und Durchsetzungskraft an, die hinter dem Willen steht. Ist also ein Kinn groß, breit und massig, so wird sich ein solcher Mensch unter allen

Umständen durchsetzen und nötigenfalls „über Leichen gehen“. Von ihm kann man nur Unbeugsamkeit und Härte gegen sich und andere bis zur Rücksichtslosigkeit erwarten.

Kommt noch ein besonders starker Unterkiefer hinzu (wodurch die ganze Kinnpartie etwas Eckiges, „Vierschrötiges“ bekommt), besteht Neigung zu Gewalttätigkeit und Brutalität.

Ein kleines, zartes und feines Kinn zeigt umgekehrt den Mangel an Willenskraft, die Weichheit, Sanftmut und Empfindlichkeit, die einen solchen Menschen zur „Mimose“ macht, so daß er „keiner Fliege etwas zuleide tun kann“ und sich am liebsten „in ein Mauseloch verkriechen“ würde. Hier besteht sogar die Gefahr des totalen Versagens im Lebenskampf, wodurch zunächst alle erdenklichen psycho-somatisch bedingten Krankheiten entstehen können und worin schließlich manche unerklärlichen Selbstmorde „ohne ersichtliches Motiv“ begründet sind, weil man eben am Leben überhaupt verzweifelt. Vielfach flüchten sich solche Menschen auch in „höhere Welten“, d.h. sie verfallen entweder in philosophisch-religiöse oder „schöngeistig“-literarische Schwärmerei und Phantastik ohne reale Bemühung bzw. Wirkung.

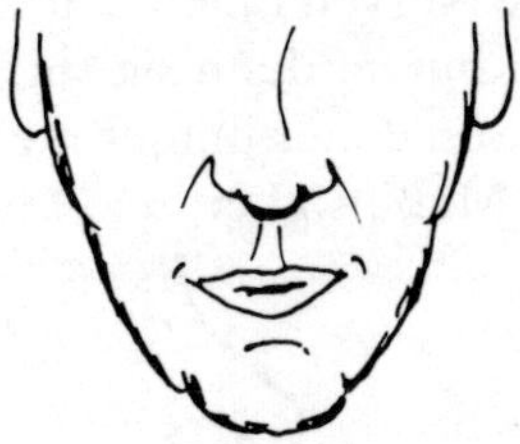

Ein *spitzes,* also schmales und vorspringendes Kinn („Kasperle“) deutet auf starke Impulsivität und Erregbarkeit, der es aber sowohl an Durchsetzungsvermögen als auch an Ausdauer mangelt. Dadurch entsteht ein ständiger Gegensatz zwischen Wollen und Können, Zielsetzung und Realisierung, der solche Menschen verkrampft und überspannt, nörglerisch und kritiksüchtig, rechthaberisch und unzufrieden mit sich selbst und der Umwelt macht. Sie sind also nicht nur eine „Nervensäge“ für ihre Mitmenschen, sondern reiben sich schließlich auch selber auf, wenn sie nicht durch verständnisvolle Hilfe und konsequente Selbsterziehung ihre unglückliche Veranlagung überwinden können (was allerdings auch in einer Milderung der krassen Kinnform zum Ausdruck kommen wird).

Ein rundliches, fleischiges *Doppelkinn* kennzeichnet jene „Genießer“, die - ebenso gutmütig wie selbstzufrieden - zwar niemandem „auf die Nerven fallen“, aber dennoch nicht wirklich glücklich sein können, denn sie sind unersättlich in jeder Beziehung und müssen daher immer mehr an den unvermeidlichen Folgen ihrer Maßlosigkeit und Genußsucht leiden.

Ein sogenanntes *„Grübchen“* im Kinn zeigt immer, daß die Einheitlichkeit der Willensfunktionen beeinträchtigt ist. Bei willensstarken Naturen kann dadurch die „geballte Ladung“ eines allzu einseitigen bzw. sturen Willenseinsatzes gemildert werden. Bei weniger starken Menschen besteht jedoch die Gefahr der Zwiespältigkeit und Wankelmütigkeit, indem man entweder zu viel auf einmal oder Gegensätzliches gleichzeitig will, was natürlich die verfügbare Willenskraft schwächt.

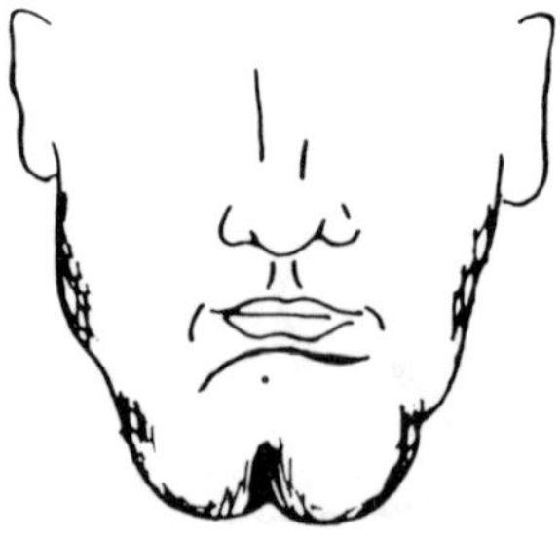

E. Die Hände

1. Allgemeine Bedeutung

Weil die Hand wie das Gesicht eine nur dem Menschen eigentümliche Prägung darstellt, die bei keinem Tier zu finden ist, darum offenbart sie auch besonders viel vom Wesen eines Menschen, von seiner ureigensten menschlichen Substanz. Daher waren schon immer besonders die Künstler von der menschlichen Hand fasziniert, und es gibt Darstellungen, vor denen wir auch nach Jahrhunderten bewundernd stehen. Man denke etwa an die gefesselten Hände des heiligen Sebastian von Tilman Riemenschneider oder an Dürers „Betende Hände".

Der Überlieferung zufolge hat sich die Menschheit schon in uralten Zeiten - insbesondere in Indien, Babylonien, Assyrien und Ägypten - um das Verständnis der Hand bemüht, und zwar ursprünglich immer in Verbindung mit der Himmelskunde. In Europa haben zuerst die Griechen die „Chiromantie" (Handlesekunst) - später „Chirosophie" (Wissenschaft von der Hand) genannt - entwickelt, und die größten griechischen Philosophen, Platon und Aristoteles, haben sich damit befaßt.

Wenn auch später vielfach als „Aberglaube" verketzert, hat sich die Chirosophie doch durch die Jahrhunderte hindurch als Wissenschaft erhalten, und es hat immer bedeutende Wissenschaftler gegeben, die erkannten, daß die Formen und Linien der Hand einen besonders aufschlußreichen Schlüssel für das Geheimnis der Individualität darstellen. Es ist daher selbstverständlich, daß zu jeder einigermaßen gründlichen Menschenkenntnis auch das Studium der Hand gehört. (Im Rahmen dieses Buches kann allerdings nur ein allgemeiner Überblick gegeben werden. Gründlichere Darstellungen sind dem Literaturverzeichnis zu entnehmen).

Im Gesamtbau des menschlichen Körpers stehen die Hände in besonders enger Beziehung sowohl zum Gehirn als auch zum vegetativen Nervensystem, weil in der Haut der Hand und in den Fingerspitzen mehr Nervenenden enthalten sind als an irgendeiner anderen Stelle des Körpers. Und da jeder Eindruck, den die Seele über die sensorischen Nerven empfängt, ebenso wie jeder Impuls, der sich in ihr bildet und über das motorische Nervensystem zum Ausdruck drängt, entsprechende Schwingungen und Bewegungen auslöst, so vermitteln die Hände eben in ganz besonderer Weise diese Schwingungen und Bewegungen.

Infolgedessen ist die Hand gewissermaßen die *„Haupt-Antenne“* der Seele, und zwar sowohl als „Empfangsstation“ für jeden *Eindruck* als auch als „Sendestation“ für alles, was nach *Ausdruck* verlangt. Die Hand ist somit zugleich *vielseitigstes Sinnesorgan* und - neben Stimme und Augen - *stärkstes Ausdrucksorgan* des Menschen. Besteht doch im Grund das ganze menschliche Leben in einer ständigen Wechselwirkung von „Empfangen“ und „Senden“ durch das Aufnehmen und Sicheinverleiben dessen, was von außen einwirkt, und in gewandelter Form wieder in Abgeben und Weiterleben als Auswirkung, als „Hand-lung“. Ein-druck und Aus-druck, Nehmen und Geben, Be-greifen und Ergriffenheit sind also alles Bezeichnungen, die von der Tätigkeit der Hände abgeleitet sind. Dadurch zeigt unsere Sprache ja sehr deutlich, wie entscheidend davon das gesamte Lebensgeschehen beeinflußt wird. Und darum hat auch jedes normale Kind den unbändigen Drang, alles Erreichbare anzufassen, um es so mit den Händen greifend zu be-greifen. Wenn dann die Erwachsenen oft sagen: „Zum Anschauen brauchst Du doch die Hände nicht“, so beweisen sie damit nur, wie wirklichkeitsfern und schattenhaft - eben „abstrakt“ - ihr Begreifen geworden ist.

Allerdings ist das Materielle nur ein kleiner Teil dessen, was im täglichen Leben durch die „Empfangs- und Sendestationen“ unserer Hände hindurchgeht. Sie sind mindestens ebensosehr mitbeteiligt an allem Ideellen. Denken wir nur an die verschiedenartigsten mitmenschlichen Beziehungen:

Wenn wir z.B. einem geliebten Menschen entgegengehen, so winken oft schon von weitem die Hände einander ein erstes

Willkommen zu, und ein ganzer Strom von Erleben schwingt zwischen diesen winkenden Händen.

Oder ein junges Mädchen kommt zum erstenmal in das Haus der Schwiegereltern und es ist ihm sehr beklommen zumute. Als es ins Zimmer tritt, kommt ihm der Schwiegervater mit ausgestreckten Händen entgegen und die Schwiegermutter zieht es liebevoll an sich und streicht ihm zart über das Haar. Da ist alle Beklommenheit im Nu gewichen, denn das Mädchen weiß nun, daß es aufgenommen ist: die Hände haben es ihm „gesagt", noch ehe ein Wort gesprochen wurde.

Oder denken wir an all die unzähligen Fälle, da der Mund vor dem körperlichen oder seelischen Leiden eines Menschen verstummt, die Hände aber immer noch - pflegend oder tröstend - Hilfe spenden können und ohne Worte verstanden werden.

Ebenso können Hände natürlich auch hemmen oder abwehren, aufregen oder beengen, ausschließen oder zurückstoßen, sowohl körperlich als auch seelisch Gewalt anwenden, verletzen oder gar töten.

Besonders aufschlußreich ist auch der *Händedruck,* denn jeder einigermaßen feinfühlige Mensch spürt darin unmittelbar, wie er mit dem anderen „dran" ist: Der feste, kurze aber warme Händedruck läßt einen zuverlässigen, ebenso warmherzigen wie tatkräftigen Menschen erkennen.

Wird der Händedruck mehrmals wiederholt, bedeutet dies impulsive Zuneigung oder gesteigertes persönliches Interesse.

Umgekehrt empfinden wir ebenso deutlich das Negative, ja geradezu Beleidigende eines kühlen, gleichgültigen und unverbindlichen Händedrucks (der eigentlich gar kein Hände-Druck mehr ist), weil diese „Handsprache" Reserviertheit, Abneigung oder gar Feindseligkeit zum Ausdruck bringt.

Besonders deutlich wird die Feindseligkeit dadurch dokumentiert, daß der Händedruck überhaupt versagt wird, indem man die ausgestreckte Hand des anderen absichtlich „übersieht" und dadurch entweder eine bestehende Verbindung zerschneidet oder das Entstehen einer Verbindung verhindert.

Noch auf viele andere Weise „sprechen“ unsere Hände in der sogenannten *„Gebärdensprache“* (Gestik), die entweder das gesprochene Wort überhaupt ersetzt oder aber es ständig begleitet. Dabei handelt es sich meist um unwillkürliche Gesten, in denen sich unsere unterbewußten Gefühle und Impulse spiegeln, die das in den Worten bewußt Mitgeteilte „untermalen“ - oder auch widerlegen, wenn wir etwa bewußt lügen. Bei geübten Rednern kann die Gebärdensprache auch bewußt erlernt sein und mit voller Absicht eingesetzt werden, um dadurch dem Gesagten zu stärkerer Intensität und Eindrücklichkeit und damit zu größerer Gesamtwirkung zu verhelfen; - auch hier wieder ebenso im positiven wie im negativen Sinne.

Von den lebensvollen, „erfüllten“ oder auch „stillen“, verinnerlichten Gebärden, die Worte begleiten, kann man ebenso positiv beeindruckt und erbaut sein, wie man umgekehrt von fahrigen, nervösen, unbeherrschten und zappeligen Gesten angewidert und peinlich berührt werden kann. Dies kann so eindringlich sein, daß uns etwa bei der Erinnerung an einen abwesenden Bekannten oder auch an einen Menschen, den wir vielleicht nur einmal sahen, zuallererst die Gebärden seiner Hände wieder einfallen, ehe wir uns an das Gesicht erinnern.

Aber nicht nur zum menschlichen „Du“ bilden die Hände eine Brücke, sondern auch zu dem überpersönlichen geistigen und göttlichen „Du“: in den Ausdrucksbewegungen der Andacht und Hingabe und als „Antenne“ für die Einwirkungen des Kosmos. Darum spielen in allen Religionen die Hände und ihre verschiedenartigen Gebärden immer eine besonders wichtige Rolle im Kultus und beim Gebet und hat insbesondere die „Handauflegung“ eine so starke Bedeutung für Heilung und Heiligung.

Schließlich ist die Hand das *universellste Gestaltungsorgan,* das den Menschen erst wirklich zum Menschen macht, indem entwicklungsgeschichtlich durch die Aufrichtung der menschlichen Gestalt die Hände nicht mehr als Lauf- und Greiforgane benötgt wurden. Dadurch wurden sie frei für neue Aufgaben, wurden immer zartgliedriger und feinfühliger, vielseitiger und geschickter und ermöglichten so erst dem menschlichen Geist die entsprechende Beherrschung der Materie: Hand-Werk und manuelle Arbeit, Formung und Gestaltung in der bildenden Kunst ebenso wie jede Art von Instrumentalmusik, Schreiben und Experimentieren in der Wissenschaft, Ernährung durch Bebauung des Bodens, Jagen der Tiere und Zubereitung der Speisen, der Fortschritt der Technik durch immer feinere Instrumente und Apparate - all das ist das Werk unserer Hände.

Wie nun beim einzelnen Menschen das Instrument seiner Hände beschaffen ist, wie „Empfang“ und „Sendung“, Bildung und Gestaltung tatsächlich funktionieren, das hängt - wie bei allen Gliedern und Organen unseres Körpers - teils von der angeborenen Anlage ab, teils von deren Weiterentwicklung durch Umwelteinwirkung und Selbsterziehung. Man kann daher sagen, daß es eigentlich so viele verschiedene Hände gibt wie es Menschen gibt, ja sogar noch mehr, denn wir haben ja zwei Hände: eine linke, welche die ererbte Veranlagung spiegelt und mehr unserer aufnehmenden, empfindenden weiblichen Komponente entspricht, - und eine rechte Hand, die von der erworbenen Entwicklung geprägt ist und mehr der weitergebenden, verarbeitenden männlichen Komponente entspricht (siehe das Kapitel „Polare Typen“, Seite 25). Wenn daher die beiden Hände eines Menschen sehr große Unterschiede zeigen, so läßt das sowohl auf starke seelische Spannungen als auch auf gegensätzliche schicksalhafte Erfahrungen und Prägungen schließen.

2. Die Hand- und Fingerformen

Bei aller individuellen Verschiedenheit lassen sich auch bei den Händen bestimmte, generell gültige Merkmale feststellen, die nun kurz betrachtet werden sollen.

Im gradweisen Fortschreiten der Durchgeistigung der menschlichen Hand spiegelt sich die stufenweise Entwicklung des Menschengeschlechtes überhaupt wider. Es gibt also eine *Stufenleiter von Handtypen* (die allerdings in reiner Form ebenso selten zu finden sind wie reine Körperbautypen):

Die *„elementare oder primitive Hand"* wirkt noch ungeformt, grob und plump. Sie hat einen großen, dicken, oft harten Handteller, an dem wenig gegliederte, klobige Finger sitzen. Solche Hände kommen bei primitiven Völkern vor, die ihr Leben lang schwer mit den Elementargewalten der Natur ringen oder sich mühsam ihre tägliche Nahrung beschaffen müssen. In unseren Breiten findet man sie noch bei besonders

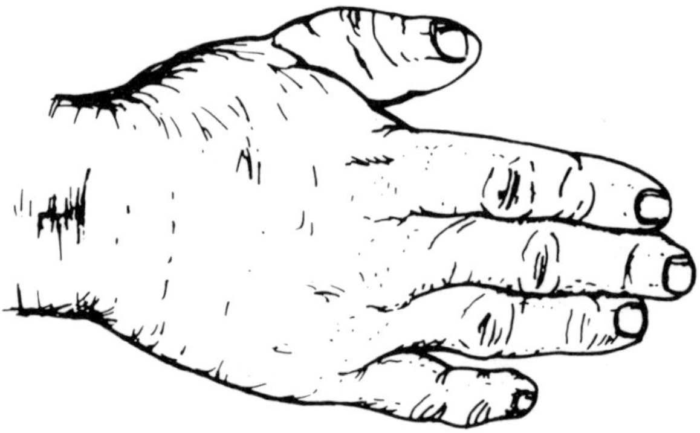

schwer arbeitenden Menschen, die gewissermaßen als „Lastträger des Lebens" ihr armseliges Dasein fristen. Anspruchslos und fügsam, aber auch ohne Schwung und eigene Initiative oder gar Sinn für höhere Werte verrichten sie die ihnen zugewiesenen Tätigkeiten und kennen auch in ihrer Freizeit nur mehr oder weniger stumpfsinnige Vergnügungen.

Die *„Spatelhand"* verdankt ihren Namen ihrem ausgeprägtesten Merkmal: dem nach oben zu spatelförmig breiter werdenden Nagelglied der Finger, die im Verhältnis zum großen Handteller kurz sind. Meist ist der Daumen besonders

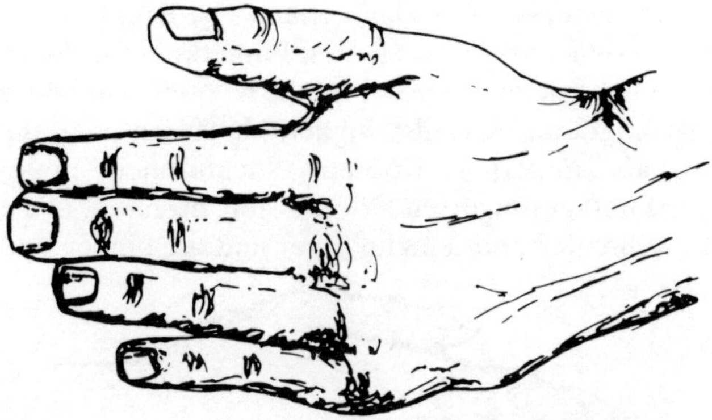

kräftig entwickelt, und die ganze Hand macht einen derben, grobschlächtigen Eindruck. Solche Hände haben zwar geschickte und tüchtige aber mehr auf Nützlichkeit als auf Kunstfertigkeit eingestellte Handwerker und überhaupt diejenigen Menschen, die materielle Gebrauchsgüter schaffen und die Notwendigkeiten des täglichen Lebens besorgen.

Die *„eckige oder Nutzhand"* ist der Spatelhand ähnlich, hat aber eckig geformte Fingerspitzen. Auch diese Hand ist groß und kräftig mit breitem Handteller und kurzen Fingern. Ihre

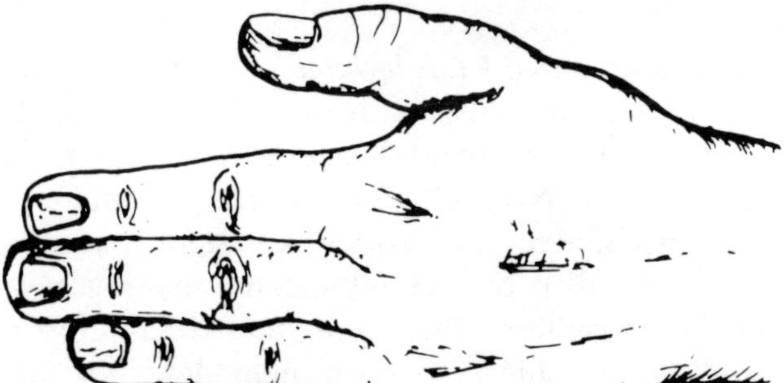

Träger sind meist pflichttreue, fleißige, organisatorisch begabte, praktische Wirklichkeitsmenschen mit engem Horizont und keinen großen Ansprüchen an das Leben.

Die *„intellektuelle oder Denkerhand“* ist hauptsächlich erkennbar an den stark entwickelten Fingerknoten, die entweder am Endgelenk als „philosophische Knoten“ auf höhere Intelligenz, Logik und Urteilsfähigkeit hinweisen oder am Mittelgelenk als „materielle Knoten“ Nüchternheit, praktische Intelligenz und gesteigerten Erwerbssinn anzeigen. Die ganze Hand ist schmaler und feingliedriger und die Finger sind län-

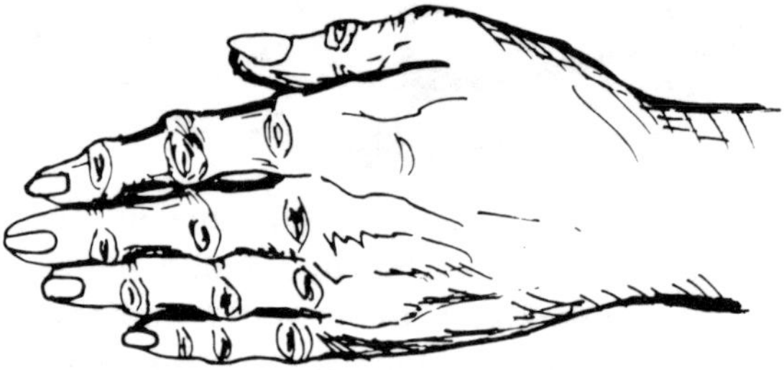

ger als bei der Nutzhand. Ihre Träger sind sachlich eingestellt und in allen intellektuellen Berufen unermüdlich tätig, zugleich aber ich-bezogen und selbstbewußt. Sie streben in erster Linie nach Besitz und Geltung entweder durch fortschreitende Anhäufung von Wissen oder durch konsequente Ausdehnung ihrer Machtposition und Ansammlung von materiellen Gütern.

Die *„gefühlsbetonte oder Künstlerhand“* mit ihren langen, glatten, knotenlosen, konisch zulaufenden Fingern und den ovalen Nägeln ist der Denkerhand polar entgegengesetzt. Ihre Träger haben - je nach „Niveau“ - Sinn für die Schönheit des Lebens in den verschiedensten Formen von Sinnlichkeit und Feinsinnigkeit (Ästhetik). Ihre Handlungen entspringen weniger der klar durchdachten Überlegung und einem entsprechend bestimmten Entschluß, sondern mehr den spontanen Impulsen auf Grund von Stimmungen und Einfällen, so daß die Gefahr der Unberechenbarkeit und Unzuverlässigkeit besteht.

Im deutlichsten Unterscheidungsmerkmal zwischen Denkerhand und Künstlerhand (Knoten und Glätte) tritt wieder einmal besonders augenfällig die seelisch bedingte Formgesetzlichkeit der Leibesgestalt zutage. Erfahrungsgemäß ist diejenige Hand am durchlässigsten für kosmische Kräftewirkungen, die den feinsten Bau und die glattesten, längsten und spitzesten Finger aufweist, also am „antennenähnlichsten" ist. Umgekehrt bedeuten die Knoten die Widerstände gegen jene Einwirkungen auf Grund von intellektueller Kritik und individueller Eigenwilligkeit, so daß solche Hände nicht in gleichem Maß „Antennen" sein können wie bei anderen.

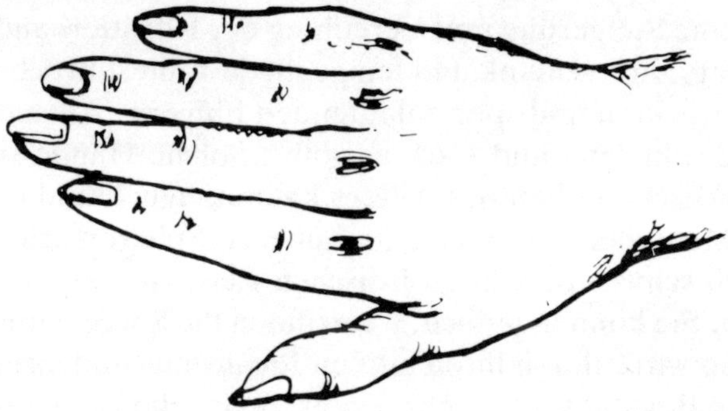

Beide haben ihre Gefahren und positiven Möglichkeiten: die einen können durch übersteigerte Kritiksucht und rationalistische „Gedankenakrobatik" die Entfaltung echter Geistigkeit blockieren, bieten aber auch die wünschenswerte Gelegenheit zur Entwicklung einer selbständigen, urteilsfähigen und verantwortlichen Persönlichkeit. Die anderen sind in entgegengesetzter Weise gefährdet durch Kritiklosigkeit, allzu große Beeinflußbarkeit und Verlust der selbstverantwortlichen Eigenständigkeit, können aber auch durch die Aufnahmebereitschaft für die Offenbarungen höchster Geistigkeit und die Anpassungsfähigkeit an alle Erscheinungsformen bzw. Geschehnisse des Lebens besonders positiv wirken.

Die *„psychische Hand"* stellt als am meisten durchgeistigte Ausprägung das Endglied in der Kette der Handformen dar.

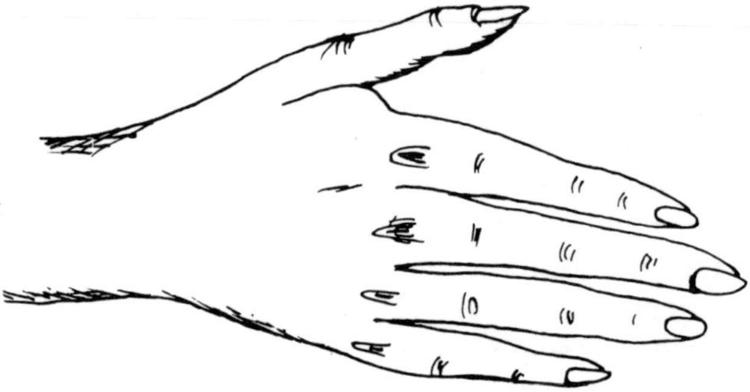

Sie ist eine Steigerung und Veredlung der Künstlerhand: ganz besonders zart, schlank und feingegliedert mit sehr schmalen, langgestreckten und spitz zulaufenden Fingern. Auch die Nägel sind sehr lang und stark gewölbt. Solche Hände sind für das praktische Leben des Alltags kaum tauglich und gehören daher Menschen, die meist „in höheren Sphären schweben" und sich schwer tun, ihren irdischen Lebensunterhalt zu bestreiten. Sie können jedoch, wenn ihnen die Sorge dafür abgenommen wird, durch ihren großen Idealismus und ihre starke intuitive Begabung eine sehr segensreiche, ebenso seelisch befruchtende wie geistig wegweisende Wirksamkeit entfalten.

Weiter ins Extrem gesteigerte Handformen ergeben jenseits der psychischen die *„gebrechliche Hand"*, die „nachts auf dem kranken Herzen liegt", wie Theodor Storm sie in seiner Novelle „Immensee" schildert, - und jenseits der elementaren die *„entartete Hand"* des hemmungslos triebhaften „Untermenschen".

Da wie gesagt die meisten Hände Mischtypen darstellen, muß man bei ihrer Beurteilung die verschiedenen Merkmale miteinander kombinieren. Dafür gibt es allerdings keine feststehenden Regeln, so daß man hier auf Erfahrung und Übung einerseits, Einfühlung und Intuition andererseits angewiesen ist. Nun, das gilt bekanntlich für die gesamte Menschenkenntnis.

Wenn man das schöne Bild von der Hand als Sonne aufgreift, deren Zentrum der Handteller ist und deren Strahlen die Finger sind, so wird man ganz von selbst auf den folgenden Zusammenhang kommen: Je dicker der Handteller ist und je kürzer die Finger sind, also je weniger „sonnenähnlich" und „strahlkräftig" die Hand erscheint, desto weniger durchgeistigt und entwickelt wird wahrscheinlich der dazugehörige Mensch sein.

Nach alter Überlieferung spiegeln die Finger folgende Eigenschaften: Der *Zeigefinger* die praktische Intelligenz, handwerkliche Befähigung und allgemeine Lebenstüchtigkeit. Der *Mittelfinger* die theoretische Intelligenz, Lernfähigkeit, Besinnlichkeit, Forscherdrang und Führungseignung. Der *Ringfinger* (auch Gold- oder Sonnenfinger genannt) die künstlerische Begabung und schöpferische Gestaltungskraft. Der *kleine Finger* die intellektuelle Regsamkeit und Ausdrucksfähigkeit (z.B. im Reden als Schlagfertigkeit und im Schreiben als „Esprit"). Aus der überwiegenden Länge der betreffenden Finger kann also auf das Überwiegen der genannten Eigenschaften geschlossen werden.

Außerdem kann man den bekannten „Dreierschlüssel" auch auf die Finger anwenden. Es entspricht demnach jedesmal das Wurzelglied des Fingers der mehr materiellen Seite, das Mittelglied der seelischen und das Nagelglied der geistigen Seite der entsprechenden Begabung, so daß also der Schwerpunkt der Begabung durch die Ausprägung der Fingerglieder an dem zugehörigen Finger erkennbar wird.

Der *Daumen* wurde bisher noch nicht beschrieben, weil ihm eine ganz besondere Bedeutung zukommt. Er kann nicht nur äußerlich den anderen Fingern gegenübergestellt werden (was keinem Affen möglich ist!), wodurch die Menschenhand zu einem einzigartigen Werkzeug für die Umsetzung der Gedanken in die Tat geworden ist, - sondern er ist auch innerlich ein Symbol für die Eigenständigkeit des Menschen allen Umwelteinwirkungen gegenüber.

Deshalb ist der Daumen Repräsentant des *menschlichen Willens,* entspricht also in seiner Bedeutung dem Kinn, weil er wie dieses den wesentlichsten Unterschied zwischen Mensch und Tier kennzeichnet. Abgesehen von der allgemeingültigen Regel, daß grobe bzw. primitive oder feine bzw. edle Körperformen bestimmte geistige „Niveau-Werte“ anzeigen, gilt speziell für den Daumen als Ausdruck der ich-bewußten Willenskraft folgendes: Je kräftiger er entwickelt ist, desto stärker sind Energie und Tatkraft, Selbständigkeit und Durchsetzungsvermögen. Ist er auch noch besonders biegsam und beweglich, so ist der Wille nicht nur stark, sondern auch flexibel, nicht nur zielstrebig, sondern auch wendig.

Der kurze und dicke Daumen deutet auf Sinnlichkeit und Triebbestimmtheit, der breite auf Unbeugsamkeit, der kugelförmige auf Gewalttätigkeit. Der schmale und lange, konisch zulaufende Daumen zeigt bewußtseinsgesteuerte Führungsfähigkeit und die ruhige Selbstsicherheit natürlicher Autorität. Je unentwickelter dagegen der Daumen ist, desto geringer ist die zur Verfügung stehende Willenskraft.

Wichtig sind schließlich auch noch die Fingernägel, an deren Größe und Form, Substanz und Färbung vielerlei sowohl über den Gesundheitszustand als auch über den Charakter abzulesen ist. Da aber gerade hier jede oberflächliche Betrachtung bzw. Schilderung mehr Schaden als nützen würde, muß wiederum auf das Literaturverzeichnis verwiesen werden. Nur auf die folgenden allgemeinen Gesundheitsmerkmale sei kurz hingewiesen:

Feste, starke Nägel, die rosig glänzen, deuten auf eine gute Gesundheit. Sind die Nägel blaß, stumpf und brüchig, so ist das Gegenteil der Fall.

Querlinien auf den Nägeln zeigen häufig Ernährungsstörungen an, werden aber auch als organische Entartungserscheinungen gewertet. Längslinien sind entweder Alterserscheinungen oder Zeichen intellektueller Überarbeitung.

Weiße Flecke werden teils als Zeichen von nervlicher Überbeanspruchung, teils als Folgeerscheinung von mangelnder Blutzirkulation und verkehrter Ernährung angesehen. Die gut sichtbaren Nagelmonde weisen auf ein gesundes Herz hin. Fehlen sie, ist auf Herzschwäche oder nervöse Herzbeschwerden zu schließen. Bläuliche Monde oder gar ganze Nägel lassen einen gestauten oder schwachen Blutkreislauf (etwa bei starker Kälteeinwirkung oder zu niedrigem Blutdruck) vermuten.

Schon aus dem wenigen, was hier über die Bedeutung der Hand und ihrer Ausdrucksbewegungen gesagt werden konnte, dürfte deutlich geworden sein, wie wesentlich dieses spezifisch menschliche Organ für jede Menschenkenntnis ist. Wenn man also sagt, „sie schenkte ihm Herz und Hand" oder „er hält um ihre Hand an", so hat das seinen tiefen Sinn, denn tatsächlich ist die Hand so charakteristisch und bedeutungsvoll, daß sie sehr wohl als Sinnbild des ganzen Menschen gelten kann.

F. Stimme und Sprache

1. Allgemeine Bedeutung

Wenn uns die Hände eines anderen Menschen etwas „erzählen", so nehmen wir diesen „Bericht" mit den Augen auf. Dadurch haben wir die Möglichkeit, die gesehenen Formen und Gesten immer wieder nachzuprüfen, um den aufgenommenen Eindruck zu bestätigen und zu festigen, ihn durch genaue Beobachtung zu kontrollieren und gegebenenfalls zu berichtigen.

Ganz anders ist unsere Situation der *Stimme* eines Menschen gegenüber; sie trifft unser Ohr und ist in dem Augenblick, in dem sie verklungen ist, auch schon Vergangenheit. Wir können sie nicht äußerlich festhalten und nachprüfen, höchstens innerlich „horchend" deren Nachhall in unserer Seele abwägen. Die Stimme ist daher am stärksten mit der Stimmung verbunden; in ihr kommt der jeweilige Gemütszustand eines Menschen am unmittelbarsten und deutlichsten zum Ausdruck.

Gewiß hat jeder Mensch seine ihm angeborene Grund-

Stimme - wie auch seine Grund-Stimmung -, die durch seine Konstitution, den Bau seines Kehlkopfes, Brustkorbes und Gaumens mit bedingt ist. Die Stimme, die aus einem männlichen Kehlkopf oder einem alten zahnlosen Munde ertönt, wird immer wesentliche Unterschiede aufweisen gegenüber der durch einen weiblichen Kehlkopf gebildeten oder der aus der kleinen, aber kräftigen Lunge eines Säuglings erschallenden. Überhaupt ist die Tiefe und der Rhythmus der Atmung wesentlich mitbestimmend für Kraft und Klang einer Stimme. Insofern ist die Stimme eines Menschen ebenso charakteristisch wie seine Hände.

Aber im Gegensatz zur Hand, die sich nur innerhalb langer Zeiträume wandelt, kann die Stimme ein- und desselben Menschen von einem Augenblick zum anderen derartig verschieden sein, daß es schwerfällt, in ihr noch die gleiche Stimme zu erkennen. Während Körperbau, Gesicht und Hand „geprägte Form" sind, also sichtbar, greifbar, vom ersten bis zum letzten Augenblick eines Menschenlebens da-seiend, ist die Stimme nicht ein für allemal „da", sondern sie wird immer neu geschaffen, ertönt immer neu und immer wieder anders. Darum eben ist sie, wie gesagt, der deutlichste Ausdruck der augenblicklichen Seelenverfassung eines Menschen.

So kann z.B. ein musikalischer Mensch mit einer schönen, reinen Stimme plötzlich unrein zu singen beginnen - und es nicht einmal merken -, wenn sein Gemüt aus irgendeinem Grunde „unruhig", aus der Harmonie mit sich selbst und der Welt gefallen, eben „ver-stimmt" ist. Sobald dann das „seelische Gleichgewicht" wieder hergestellt ist, wird auch ganz von selbst und unwillkürlich sein Gesang wieder rein und klar wie vorher. Der frei und unbeschwert singende Mensch ist eben innerlich in Ordnung, und deshalb heißt es ja auch: „Wo man singt, da laß dich ruhig nieder, böse Menschen (man könnte auch sagen: innerlich zwiespältige, unharmonische Menschen) haben keine Lieder". Es ist daher auch ein Beweis für die Gesundung einer Menschenseele, wenn jemand nach Zeiten schweren Leidens wieder zu singen beginnt, oder für die

Zufriedenheit arbeitender Menschen, wenn sie ihre Arbeit mit Gesang begleiten.

Deshalb sollte man überhaupt soviel als möglich singen, denn „durch Gesang wird alles leichter“: Wenn uns das Getriebe des Alltags verwirrt und erschüttert, ja uns zu zermürben und aufzureiben droht, kann ein Lied, das wir hören oder noch besser selbst singen, wunderbar erquicken und stärken, beruhigend, ordnend und aufrichtend wirken.

Weit häufiger als die Wirkung der Sing-Stimme erfahren wir allerdings diejenige der Sprech-Stimme. Sie ist das hauptsächlichste Verbindungsmittel in allen zwischenmenschlichen Beziehungen und daher gerade für die Menschenkenntnis in erster Linie von Wichtigkeit. Da sie unseren gesamten Austausch mit anderen Menschen vom frühen Morgen bis zum späten Abend begleitet, wird in ihr beides lebendig: unser *Eigenausdruck,* den wir der Umwelt entgegenbringen, und unsere *Reaktion* auf alles, was durch Mitmenschen und Geschehnisse an uns herangetragen wird.

Was für eine Macht das gesprochene Wort haben kann, erleben wir oft und eindrucksvoll genug, sei es im persönlichen, sei es im öffentlichen Leben. Viele Berufe sind in ihrer Wirkungsmöglichkeit ja ganz besonders auf das Reden angewiesen (Anwalt, Politiker, Pfarrer, Lehrer, Verkäufer usw.). Dabei ist das entscheidend Wirksame nicht einmal das, *was* gesprochen wird, also nicht so sehr der Inhalt der Worte, als vielmehr die Art und Weise des Sprechens und der Stimmgebung, also das *Wie,* das Irrationale, nie ganz Erklärbare, aber um so deutlicher Spürbare, das im Klang, in der Lautstärke, in der Betonung und Modulation schwingt.

All diese „Imponderabilien“ bleiben dem Sprecher selbst häufig unbewußt, offenbaren aber gerade darum das eigentlich Charakteristische, sowohl von der körperlichen Verfassung als auch vom seelischen Zustand des Redenden.

Darum merkt der Zuhörer oft besser als wir selber, ob unsere Worte echt und wahrhaftig sind, ob wir es wirklich so meinen, wie wir es sagen. Ob z.B. hinter äußerlich höflichen, ja freundlichen Worten eine innere Abneigung oder gar Feindseligkeit sich verbirgt. Ob hinter den Beileidsbezeugungen, mit denen wir bei einem Trauerfall kondolieren, echtes Mitgefühl und menschliche Anteilnahme stehen, oder ob es nur innerlich unbeteiligte formelle Redensarten sind. Ob die kühle Gelassenheit, mit der wir von einer uns unangenehmen Sache sprechen, tatsächlich in uns vorhanden oder nur Maske ist, hinter der verhaltene Erregung, Enttäuschung oder gar Verärgerung vibrieren.

Selbst wenn jemand mit dem „Brustton der Überzeugung" eine Erklärung abgibt oder mit „tönenden" Worten „eine Rede schwingt", so hört der Menschenkenner mit feinem Ohr heraus, ob tatsächlich begründete Sicherheit, ruhiges Selbstbewußtsein, wahre innere „Vollmacht" in dem Gesagten zum Ausdruck kommen oder nicht. Andererseits kann eine an sich leise, zarte Stimme doch so lebendig und erfüllt, so von innerer Kraft getragen sein, daß sie durchaus überzeugend, ja vielleicht sogar begeisternd auf die Umwelt wirkt.

Wirkliche Überzeugung und echte Begeisterung kann eben nicht bloß durch kluge Argumente und geschliffene Formulierung erreicht werden, also nicht auf begrifflich-verstandesmäßigem Wege allein, sondern es gehört dazu vor allem jene gefühlsstarke, unmittelbare Gemütswirkung, die nur dann entsteht, wenn der logisch erkennbare *Sinn der Worte* durch den intuitiv verstehbaren *Klang der Stimme* ergänzt und bestätigt wird. Dadurch erst kann aus einer oberflächlichen, „gewußten" Gehirnangelegenheit ein in die Tiefe dringendes, „zu Herzen gehendes" Erlebnis entstehen.

2. Stimmvariationen

In der Stimme kommt also ganz direkt und unverschleiert sowohl die *seelische Grundhaltung* als auch die *augenblickliche Gemütsstimmung* eines Menschen zum Ausdruck. Die Menschheit hat daher auch in der treffenden Bildhaftigkeit der Sprache gerade für die menschliche Stimme besonders mannigfaltige und drastische Bezeichnungen gefunden: So unterscheiden wir nicht nur eine hohe ode tiefe, dunkle oder helle, fröhliche oder traurige, ruhige oder aufgeregte, warme oder kalte, harte oder weiche, bewegte oder gleichgültige, scharf akzentuierte oder verschwommene Stimme, sondern wir sprechen auch von einer metallenen oder blechernen, scheppernden, gläsernen, brüchigen oder gebrochenen, groben oder glatten, brutalen oder sentimentalen, ja sogar von einer satten, fetten, öligen, schmalzigen, schmierigen Stimme. Und wenn wir unserer Phantasie nur ein wenig Spielraum lassen, so können wir bei jedem dieser Eigenschaftsworte unbeschwert eine bestimmte „Stimmlage" und „Stimmfarbe" vor unserem „inneren Ohr" erklingen lassen und einen entsprechenden Menschen oder eine dazu passende Situation uns vorstellen.

Wahrscheinlich reagieren wir alle viel mehr als wir wissen täglich und stündlich auf die Stimmerfahrungen mit unseren Mitmenschen und richten uns in unserem eigenen Verhalten unterbewußt danach. Dennoch lassen wir uns, wenn Wort und Stimme nicht übereinstimmen, oft von den Worten verstandesmäßig beeinflussen und überhören die feine Warnung unseres „Stimmgefühls" um so eher, je intellektueller wir ausgebildet wurden und tätig sind. Wir können daher beim Sprechen gar nicht sorgsam und bewußt genug außer auf den vordergründigen Begriffsgehalt der Worte auch auf diesen in der Tiefe mitschwingenden „Eindruckswert" der Stimme achten.

Es vereinfacht und erleichtert doch das Leben wesentlich, wenn ich z.B. bei einem Bekannten, den ich besuche und der mich mit einem „ach, wie schön, daß du kommst" empfängt, an dem unechten - entweder zu harten und nervösen, etwas blechernen, oder umgekehrt zu betont freundlichen, etwas schmalzigen - Klang seiner Stimme heraushöre, was er nicht ausspricht: daß ich ihm nämlich heute ganz und gar nicht gelegen komme. Ich werde dann klug genug sein, meinen Besuch möglichst abzukürzen, um ihm nicht „auf die Nerven zu fallen", damit er - durch mein Taktgefühl wohltuend berührt -

beim nächsten Mal über mein Kommen um so erfreuter sein kann.

Oder wenn die „gute Tante“ mit einer Riesen-Bonbon-Tüte im Kinderzimmer auftritt, so wird die Kinderschar zwar ein echtes Jubelgeschrei anstimmen, aber wenn die Tante ein „feines Ohr“ hat, wird sie vielleicht durch den „herzlichen Dank“ der Mutter einen ganz leisen „süßsauren“ Klang hindurchhören.

Wenn sie sich dann offen nach dem Grund erkundigt, wird sie erfahren, daß die Kinder keine besonders guten Zähne haben, den Zahnarzt viel zu früh kennengelernt haben und jede wohlgemeinte Bonbontüte mit Schmerzen bezahlen müssen. Wenn daraufhin die Tante sich entschließt, künftig lieber Obst statt Bonbons mitzubringen, so wird ihr „waches Aufhorchen“ für alle Beteiligten fruchtbar gewesen sein.

Überhaupt ist das ganze Gebiet des Schenkens und Dankens in besonderem Maße geeignet, um daran „Stimmklang-Studien“ zu machen, denn bedauerlicherweise haben sich ja gerade in diesem Bereich der menschlichen Beziehungen Heuchelei und Unechtheit weitgehend eingenistet. Wenn wir ganz ehrlich sind: Wieviele unserer Geschenke sind wirklich echte, aus unserem Herzen kommende und einem inneren Bedürfnis entspringende Gaben? Und bei wievielen Geschenken, die wir in unserem Leben erhalten haben, konnten wir uns wirklich von ganzem Herzen freuen, weil der Geber sich die Mühe gemacht hatte, unseren Herzenswunsch zu erraten oder doch auf unsere persönliche Eigenart einzugehen, anstatt eben nur etwas möglichst „Preiswertes“ zu kaufen? Aber alles, was hier nicht ganz „ehrlich“ ist, wird sich in irgendeiner Weise in der Reaktion des Dankens auch stimmlich zeigen. Wir müssen daher aus Klang und Tonfall der Dankesworte herauszuhören suchen, ob wir wirkliche Freude bereitet haben oder ob unser Geschenk in die „Sammelkiste“ des Beschenkten wandern wird, um bei der nächsten Gelegenheit weitergegeben zu werden.

Auch sonst ist es sehr wichtig für unsere mitmenschlichen

Beziehungen, mit einiger Sicherheit zu merken, wenn in einer Stimme das Gegenteil von dem hindurchtönt, was sie dem äußeren Ohr des Hörers darbietet: Wenn die Stimme z.B. frech klingen soll, aber hinter ihr die Angst zittert, - wenn sie gelassen und ruhig klingen soll, aber auf ihrem Grunde gejagte Ruhelosigkeit lauert, - wenn sie einen lauten, befehlenden Ton anschlägt, um die innere Unsicherheit und Schwäche zu verdecken, - oder wenn eine bittere Enttäuschung sich in harten, böse klingenden Worten Luft macht, doch dahinter ein gepeinigtes, verzweifeltes Herz auf Liebe und Güte wartet und auf die tröstende Versicherung, daß „alles wieder gut" sei. Wie oft haben wir wohl alle in dieser Hinsicht uns schon täuschen lassen! Und nur reiche Lebenserfahrung, gesteigertes Feingefühl und aufnahmebereite Seelenruhe befähigen uns allmählich, die feinen „Untertöne" zu unterscheiden und richtig zu bewerten.

3. Telefonieren

Daß die Stimme geradezu „magische Gewalt" haben kann, erleben wir besonders deutlich beim *Telefonieren.* Da hören wir ja nur die Stimme eines Menschen, und trotzdem verhalten wir uns unwillkürlich so, als ob wir unserem Gesprächspartner persönlich gegenüberstünden. Die Art des Sprechens, Klang und Modulation der Stimme wirken so lebendig und bezeichnend, daß wir den ganzen Menschen dabei vor uns sehen und seine Haltung, seinen Gesichtsausdruck, seine Gebärden in unserer Vorstellung ergänzen. Und demgemäß reagieren wir selbst in Haltung, Gesichtsausdruck und Gebärden, so daß es für den kundigen Zuschauer nicht nur oft amüsant ist, unser Gehaben dem kleinen unscheinbaren Apparat gegenüber zu beobachten, sondern auch recht interessant, wenn er daraus die entsprechenden Schlüsse auf unseren Gesprächspartner und unser Verhältnis zu ihm zieht.

Wenn wir uns selbst einmal beim Telefonieren etwas genauer unter die Lupe nehmen, als wir es gewöhnlich tun, und auf unsere eigene begleitende Gestikulation und Mimik achten, so werden wir staunen, wie verschieden wir uns ganz unwillkürlich verhalten, und wie anders unsere Stimme klingt, je nachdem, ob wir als „verärgerter Chef“ einen Angestellten „herunterputzen“ oder als Sekretärin dem „hohen Chef“ berichten (wobei ein aufmerksamer Dritter meist genau hören und auch sehen wird, welcher Art das Verhältnis zu diesem Chef ist, ob er gefürchtet oder verehrt wird, ob Chef und Angestellte vielleicht „etwas zu gut“ miteinander stehen, oder ob es eine rein sachliche Arbeitsbeziehung ist usw.). Ob wir als Bittender mit einem einflußreichen Mann, als Arbeitgeber mit einem Bewerber, als Patient mit einem Arzt oder als Arzt mit einem jammernden Patienten telefonieren oder mit einem guten Freund nur ein „Plauderviertelstündchen“ durchs Telefon halten: Immer verhalten wir uns am Telefon nicht nur der Stimme nach, sondern im ganzen Gehabe so, als ob wir nicht nur den Apparat, sondern den Gesprächspartner persönlich vor uns hätten.

Man wird unwillkürlich eine „stramme“, achtungsvolle oder aber demütige, ja unterwürfige Haltung einnehmen, wenn man sich einem Vorgesetzten gegenüber als der „kleine Mann“ fühlt. Man wird umgekehrt als „großer Mann“, der „etwas zu sagen hat“, die entsprechende „achtunggebietende“, selbstsichere, fordernde oder befehlende Haltung einnehmen. - Und man wird, wenn man mit einem befreundeten oder gar geliebten Menschen telefoniert, schon den Hörer ganz anders in die Hand nehmen, sich während des Gesprächs zwanglos räkeln oder schmeichelnd, hingebungsvoll sich anlehnen und vielleicht sogar selbstvergessen den Hörer zärtlich streicheln, als sei er die geliebte Hand. Und all das bewirkt allein der „Zauber der Stimme“!

Ja, wer viel telefoniert, wird die Feststellung bestätigen können, daß diese eigentümliche Situation für uns sogar noch eindrucksvoller sein kann als eine persönliche Begegnung, weil hier das Auge, das Organ der wachbewußten Beobachtung, ausgeschaltet ist und man sich allein auf das Ohr verlassen muß, das ja zu den mehr seelisch wirksamen, das unterbewußte Wahrnehmen unterstützenden Organen gehört. Deshalb achten wir hier unwillkürlich noch mehr als im persönlichen Gespräch auf die leisesten Schwankungen und feinsten Schwingungen der Stimme und spüren dadurch die Gedanken und Gefühlsregungen des Gegenübers oft so direkt und deutlich, daß man geradezu von „Gedankenlesen“ sprechen kann.

Übrigens hat uns die moderne Technik die Möglichkeit beschert, dieses lehrreiche Experiment auch mit unserer eigenen Stimme machen zu können, indem wir sie auf Tonband aufnehmen und uns dann selbst zuhören. Jeder, der sich auf diese Weise zum erstenmal so sprechen hört, wie seine Stimme objektiv auf andere wirkt, ruft erschrocken aus: „Was, das soll meine Stimme sein?!“ Wenn wir uns dann aber die Mühe machen, diese unsere Stimme genauso unvoreingenommen und prüfend auf uns wirken zu lassen wie die eines Fremden, und vielleicht sogar das, was uns daran auffällt oder nicht gefällt, einer besonders kritischen Selbstprüfung unterziehen, dann werden wir schließlich zugeben müssen, daß die Stimme doch recht hat und unsere „schwachen Seiten“ eben deutlicher zum Ausdruck bringt, als wir selbst dies bisher zugeben wollten. Wenn wir daraufhin versuchen, an uns zu arbeiten und die festgestellten Schwächen zu überwinden, wird dies auch in der Stimme zum Ausdruck kommen, so daß eine regelmäßige Überprüfung durch Aufnehmen und Abhören der eigenen Stimme eines der wirksamsten Mittel konsequenter Selbsterziehung darstellt.

4. Lachen

Abschließend sei noch auf ein ganz besonderes Kapitel im Bereich der Stimm-Wirkungen hingewiesen: auf das *Lachen* des Menschen. Da man im allgemeinen nicht besonders darauf bedacht zu sein pflegt, „sich zusammenzunehmen“, wenn man „in lächerlicher Stimmung“ ist (obwohl es auch da Ausnahmen gibt), so wird man sich beim Lachen meist am allerdeutlichsten in seinem wahren Wesen enthüllen. Es ist daher bereits eine weitgehende „Charakter-Diagnose", wenn man z.B. von einem Menschen sagt, er habe ein „silberhelles" Lachen, oder aber - wie der Volksmund sehr drastisch sagt - er habe eine „dreckige Lache". Auch hier sieht und hört man die dazugehörigen Gestalten deutlich vor sich. Zwischen diesen beiden Extremen gibt es natürlich noch unzählige Zwischenstufen sowohl im positiven als auch im negativen Sinne (wie ja auch die Ursache bzw. der Hintergrund eines Lachens positiver und negativer Art sein kann).

Das helle, fröhliche Kinderlachen, das der reinen Lebenslust entspringt und sich zu lautem Jubel steigert, tut uns vielleicht höchstens in den Ohren weh, wirkt aber keineswegs so unangenehm und peinlich auf uns wie das laute, ungehemmt herausplatzende oder gar kreischende Lachen Erwachsener, die damit ihren Mangel an Selbstkontrolle und Rücksichtnahme auf andere beweisen. Außerdem gibt es die verschiedensten Arten des Lachens, die durchaus nicht alle Zeichen einer reinen, ungetrübten Fröhlichkeit sind, und zwar sowohl beim Kind als auch beim Erwachsenen. Wir alle erleben Verlegenheitsaugenblicke, in denen wir gekünstelt lachen, um uns oder andere über eine unangenehme Situation hinwegzutäuschen. Wenn wir dagegen bei der Arbeit etwas „versiebt", etwas Unangebrachtes oder gar Taktloses gesagt, uns blamiert oder sonstwie „daneben benommen" haben, dann wirkt nichts so erlösend wie ein echtes, „befreiendes Lachen", das die Lage entspannt und eine Brücke der Verständigung baut.

Wir alle haben aber auch schon spöttisch, schadenfroh oder gar boshaft über einen Mitmenschen gelacht, und zwar häufig gerade dann, wenn wir uns ihm im Grunde unterlegen fühlten und daher mit Freuden den sich bietenden Anlaß benützten, uns ihm auch einmal „überlegen" zeigen zu können, wenn auch nur auf die billige Weise des Auslachens. Solches Lachen aus negativem Anlaß klingt jedoch völlig anders als das aus „reinem Herzen" kommende herzhafte, gutmütige oder einfach unbeschwert glückliche Lachen.

Und wieder anders klingt das blasierte, unnatürliche oder erzwungene Lachen, das eigentlich gar keines mehr ist und die innere Unsicherheit oder Hohlheit eines Menschen zeigt. Es kann auch Zeichen einer allzu abhängigen Stellung sein, in der man nicht frei zu lachen wagt oder über die hundertmal gehörten Witze des Chefs pflichtschuldigst „lachen" muß.

Noch unechter und darum unangenehmer wirkt das harte, bittere Lachen, das im Grunde stellvertretend für einen Ausdruck von Schmerz, Ärger oder Wut steht, ferner das zynische, gemeine oder verzerrte Lachen des „Bösewichtes". Am unerträglichsten ist aber das schrecklich grelle, gellende Lachen eines Irren, das deshalb so entsetzenerregend auf den gesunden Menschen wirkt, weil darin der Verlust des eigentlich Menschlichen, des selbstverantwortlichen Ich-Bewußtseins der Persönlichkeit, zum Ausdruck kommt.

Abgesehen von diesen verschiedenen Möglichkeiten des Lachens hat aber jeder Mensch seine ganz besondere, für ihn typische Lachweise, die sich zwar den verschiedenen Anlässen gemäß mehr oder weniger wandeln wird, aber doch im allgemeinen so viel Stetigkeit behält, daß man einen Menschen an seinem Lachen erkennen kann, auch ohne ihn zu sehen. Dabei ist es sehr aufschlußreich, ob jemand z.B. frei und hell „herauslacht" (ha, ha, ha, oder ho, ho), „scheppernd meckert" (he, he, he,), verhalten in sich hineinkichert (hi, hi, hi) oder überhaupt nur grinsend das Gesicht verzieht.

Man könnte über die Feinheiten des Lachens noch seitenlang weiterschreiben, doch dürfte das hier Angedeutete genügen, um den Leser zu weiteren eigenen „Lachstudien" anzuregen, - und er wird dann bald bemerken, daß die Menschen tatsächlich durch ihr Lachen mehr von sich verraten als durch irgendeine andere Ausdrucksweise, weshalb der Satz durchaus berechtigt ist: „Im Lachen offenbart sich der Charakter".

G. Das Auge

Der aufmerksame Leser wird bei der Besprechung des Gesichtes den Abschnitt über die Augen vermißt haben. Es wurde jedoch das ausführliche Eingehen auf die Augen mit Absicht für den Schluß aufgespart, denn die Augen sind in der Tat das charakteristischste und untrüglichste Kennzeichen, das sich jeder bewußten Einwirkung entzieht und daher weder zu verstellen noch zu verfälschen ist (man kann höchstens eine dunkle Brille tragen, wenn man es nötig hat, seine Augen zu verbergen). Bezeichnet man schon das Gesicht im allgemeinen mit Recht als den „Spiegel der Seele“, so sind die Augen im besonderen die „Fenster des Inneren“, denn tatsächlich kann man durch sie bis auf den Grund unseres Wesens schauen: Charakter und Bewußtseinsgrad, Stimmung und Gemütsverfassung, bewußte Aufmerksamkeit und unwillkürliche Reaktionen - alles kommt in den Augen am unmittelbarsten und deutlichsten zum Ausdruck.

Ebenso zeichnet sich in den Augen der Gesundheitszustand unseres Organismus ab: Schatten unter den Augen, Verfärbung des weißen Augapfels, Veränderung der Äderchen darin, Verengung und Erweiterung der Pupillen, Spiegelung aller Organe in der Struktur der Iris usw. (die Augendiagnose ist ein Wissenschaftszweig für sich, kann also hier nur erwähnt werden).

Schon in der Anordnung der Augen genau auf der Grenze zwischen der ersten und zweiten Gesichtszone wird ihre universelle Bedeutung erkennbar: Geruchssinn und Gehör sind in erster Linie mit den unterbewußten Bereichen des Gemüts und der Gefühle verknüpft (man denke an die Wirkung von Parfüm und Weihrauch oder daran, daß Gerüche am direktesten und deutlichsten Erinnerungen wecken, ebenso wie an die wichtige, für viele Menschen geradezu lebensbestimmende Bedeutung der Gehörseindrücke von Musik, Gesang und Rhythmik).

Demgegenüber verbinden die Augen als Träger des *Gesichtssinnes* das Erleben mit dem Erkennen, das Emotionale mit dem Rationalen, denn sie unterstützen am stärksten das *wachbewußte Denken;* sie kontrollieren alle bewußten Bewegungen, insbesondere die Tätigkeit der Hände, und korrigieren die unwillkürlichen Bewegungen (mit geschlossenen Augen kann man weder lange Zeit auf einem Bein stehen noch geradeaus gehen). Sie sind die Hauptorgane der bewußten Orientierung in der Welt mittels konzentrierter Beobachtung (die für unsere Welterkenntnis wichtigsten Instrumente - Teleskop und Mikroskop - sind Augeninstrumente), und sie sind daher für unsere gesamte Begriffsbildung bestimmend, so daß fast alle Ausdrücke, die Denkvorgänge bezeichnen, vom Sehen abgeleitet sind: Einblick, Einsicht, Überblick, Übersicht, Vorsicht bzw. sich vorsehen, Ansicht, Anschauung, ersichtlich, offensichtlich usw.

Doch die Augen sind nicht nur Eindrücke vermittelnde Sinnesorgane, sie sind - wie schon erwähnt - zugleich die klarsten und stärksten *Ausdrucksorgane* für die subtilsten inneren Regungen und Vorgänge. Deswegen offenbaren sich eben im Augenausdruck sowohl das wahre Wesen eines Menschen als auch die leisesten Veränderungen seines Bewußtseins und Empfindens.

1. Augenstellung und Augengestaltung

Betrachten wir zunächst das, was in der äußeren Form und Anordnung der Augen erkennbar wird:

Engstehende Augen deuten auf gute Beobachtungs- und Konzentrationsfähigkeit, Realismus, genaue Fixierung und Gründlichkeit im Kleinen, aber auch auf „Engstirnigkeit“ mit der Gefahr der Pedanterie und Kleinlichkeit, Einseitigkeit und Beschränktheit.

Weitstehende Augen lassen umgekehrt einen Hang zum Irrealen erkennen, eine Neigung, „in die Ferne zu schweifen“ und im Ideenreichtum des eigenen Gedankenfluges die „rauhe Wirklichkeit“ zu vergessen. Also Weitblick und Phantasie, Großzügigkeit und Generosität, aber oft auf Kosten der Genauigkeit und des praktischen Realitätsbezuges.

Tiefliegende Augen zeigen die Tiefe des Erlebens und Erkennens, die Fähigkeit, „hinter die Kulissen zu schauen“ und den Dingen auf den Grund zu gehen, aber auch eine entsprechende äußere Zurückhaltung bis zur Verschlossenheit und Undurchsichtigkeit (vgl. den „introvertierten“ Typus).

Flachliegende Augen (die Extremform sind heraustretende „Stiel- oder Glotzaugen“) sind Zeichen langsamer Auffassung und oberflächlicher Denkweise. Es bestehen zwar vielseitige Interessen und eine stets wache Neugier, doch ist die Fähigkeit zum sorgfältigen Verarbeiten und vernünftigen Verwerten des Aufgenommenen nur gering. Um so größer ist das Mitteilungs- und Geselligkeitsbedürfnis bis zur Geschwätzigkeit und Sensationslust (vgl. den „extravertierten“ Typus). Allerdings ist hier als mögliche Fehlerquelle zu beachten, daß bei Schilddrüsenüberfunktion („Basedow“) die Augen krankhaft herausgetrieben werden.

Große, weit offene Augen kennzeichnen ein entsprechend ausgedehntes Bewußtsein, starke Empfindungsfähigkeit, besonders lebhafte Vorstellungskraft und ein reiches seelisches Eigenleben (deswegen sind normalerweise Kinderaugen von dieser Art). Bei übergroßen Augen („Rehaugen“ oder „Kalbsaugen“) überwiegt allerdings das Unterbewußte so sehr, daß dadurch das klare Denkvermögen und wache Selbstbewußtsein bis zur Lebensuntüchtigkeit und Willensschwäche beeinträchtigt sein kann.

Kleine, sogenannte „Schlitzaugen“ zeigen ein Überwiegen des Intellektuellen im allgemeinen und detaillierte Beobachtung im besonderen, so daß solchen „Luchsaugen“ nichts entgeht. Allerdings geht die Fixigkeit in bezug auf den Augenschein oft auf Kosten gründlicher Fixierung des Wesentlichen, so daß der Mangel an Beständigkeit zu Sprunghaftigkeit und Zersplitterung führen kann. Auch hier gibt es Extremformen, die „Schweinsäuglein“ oder „Raubvogelaugen“, die ein einseitiges materielles, entweder auf Lustgewinn oder Besitzvermehrung gerichtetes Interesse andeuten.

Die *Augenlider* zeigen den Grad der geistigen Entwicklung bzw. die vorherrschende Wesensrichtung:

Das *Oberlid* spiegelt die Entwicklung des Großhirns bzw. des Oberschädels. Je stärker es ausgebildet ist bzw. je stärker es das Auge überdeckt, desto mehr sind die höheren Denkfunktionen, das ethisch-philosophische und weltanschaulich-religiöse Bewußtsein entwickelt bzw. lebensbestimmend.

Das *Unterlid* spiegelt die Entwicklung des Kleinhirns bzw. der Nackenregion. Sein Überwiegen zeigt, daß die natürlichen Lebensfunktionen der Ernährung und Fortpflanzung so sehr im Vordergrund stehen, daß keine höheren Bedürfnisse sich entwickeln können.

2. Blick und Augenausdruck

Um „Gedanken lesen“ zu können, braucht man nur den Blick eines Menschen aufmerksam zu beobachten: Das, womit wir uns gedanklich am meisten beschäftigen und was uns im Unterbewußtsein „umtreibt“, auch wenn wir es gar nicht bewußt beachten, das bestimmt die *Achse* der Blickrichtung (bei ruhendem, unabgelenktem Blick).

Zeigt die Achse genau *geradeaus,* so beschäftigt sich der Bewußtseinsinhalt vorwiegend mit realen Dingen, die neutral und objektiv beurteilt werden, um sie möglichst genau zu erforschen und zu erkennen und demgemäß zu ordnen und zu gestalten.

Je weiter sich die Blickachse nach *oben* verschiebt, desto theoretischer, phantasievoller und ideenreicher ist der „Gedankenflug“, desto mehr füllen ethische Werte und religiöses Erleben das Bewußtsein, desto „entrückter“ ist die Lebenseinstellung und desto hochgespannter die Zielsetzung (daher typische Blickrichtung bei allen Heiligenbildern).

Je weiter die Blickachse dagegen nach *unten* gerichtet ist, desto materieller, sinnlicher und triebhafter ist das Sinnen und Trachten, desto mehr hat der Drang nach Macht und Genuß alles höhere Streben und jede ideale Gesinnung verdrängt. Auch für die Blickrichtung gilt also der bekannte „Dreier-Schlüssel“.

Weiterhin spiegelt sich im Blick die augenblickliche *Denktätigkeit:*

Bei wacher Aufmerksamkeit ist der Blick geradeaus gerichtet, klar und hell. Bei scharfer Beobachtung wird die Lidspalte immer schmaler und die Pupille verengt sich (kleine Blende bei Scharfeinstellung).

Wenn die Aufmerksamkeit nachläßt, beginnt der Blick zu schweifen und sich zu „verschleiern", die Lidspalte öffnet sich und die Pupille wird weiter (große Blende bei Weitwinkel). Die Blickachse verschiebt sich je nach Art der ablenkenden Gedanken bzw. Vorstellungen nach oben oder unten.

Schließlich verschwimmt der Blick völlig und geht ins Leere (man „stiert ein Loch in die Luft", wie der Volksmund treffend sagt), wenn man nur noch körperlich vorhanden ist, mit seinen Gedanken aber ganz woanders weilt. Beim „Tagträumen" wird also das Auge extrem weit geöffnet und die Linse gewissermaßen auf „unendlich" eingestellt.

Bei fortschreitender Ermüdung wird das Oberlid immer schwerer (d.h. die Muskelspannung läßt nach) und fällt schließlich ganz über das Auge. Der Blick kehrt sich nach innen und die Pupille dreht sich nach oben (man kann daher auch bei geschlossenen Augen an der Spannung des Lides und, wenn man das Lid anhebt, der Stellung der Pupille mit Sicherheit erkennen, ob ein Mensch wirklich schläft oder sich nur schlafend stellt).

Doch nicht nur die Aufmerksamkeit, sondern auch die Art der Gedanken und begleitenden Gefühle spiegelt sich im Auge: Bei jeder *negativen* Regung *verdunkelt* sich die Iris, bei jeder *positiven erhellt* sie sich.

Die Augen werden also - ganz unabhängig von der Augenfarbe - bei zunehmendem körperlichen Schmerz und bei seelischen Leiden, bei Kummer, Sorgen, Angst, Ärger, Haß, Wut usw. immer dunkler, bis sie geradezu schwarz erscheinen (auch wenn sie ursprünglich noch so blau sind).

Umgekehrt werden sie bei beschwingter Heiterkeit und freudiger Erregung, bei Zuversicht, Erhebung, Aufschwung,

Wohlwollen, Zuneigung, Liebe, Güte usw. immer heller bis zu einem lichtstarken „Aufblitzen“ oder einem tiefen, warmen „Leuchten“, so daß Ausdrücke wie „strahlende Kinderaugen“ oder „Liebende strahlen sich an“ durchaus wörtlich zu nehmen sind.

Diese „Durchlichtungsskala“ des Auges ist derart empfindsam, daß die Iris sich nicht nur verdunkelt, wenn jemand bewußt lügt oder täuscht, sondern auch wenn er etwa Dinge sagt, die er zwar verstandesmäßig für richtig oder notwendig hält, die ihm aber gefühlsmäßig widerstreben oder gar seinem innersten Gewissen widersprechen. Umgekehrt zeigt sich jeder „Hoffnungsschimmer“ oder „Freudenstrahl“, jede Regung der Zustimmung oder Zuneigung, auch dann schon in einer entsprechenden Aufhellung der Iris, wenn man sich dessen selbst noch gar nicht bewußt geworden ist.

Um solche feinen Veränderungen tatsächlich richtig erkennen zu können, bedarf es allerdings sehr genauer Beobachtung und einiger Übung im „Lesen der Augensprache“. Dann aber wird diese „Sprache“ so deutlich und untrüglich, daß in den unendlichen Variationsmöglichkeiten des *Augenausdrucks* sowohl die lebensbestimmende Wesensart und Geisteshaltung eines Menschen als auch seine „augenblickliche“ (man beachte den treffenden Doppelsinn dieses Wortes) körperliche und seelische Gesamtverfassung am sichersten zu erkennen ist.

Warum sind Kinderaugen so besonders beeindruckend? Nun, weil darin jener „paradiesische“ Seelenzustand des Kindes in seiner ungebrochenen Ganzheit und unschuldigen Unberührtheit, in seinem „Eins-Sein“ mit sich selbst und „In-Harmonie-Sein“ mit der Welt noch so unmittelbar zum Ausdruck kommt. Solche Kinderaugen zeigen uns also unzweifelhaft: Diese Vollkommenheit ist nicht bloß ein „frommer Wunsch“ oder ein „schönes Märchen“, sondern es gibt sie tatsächlich ganz real und lebenswirksam. Wir alle haben sie einmal selbst erlebt, und seitdem bleibt nicht nur die Erinnerung daran tief in unserer Seele verwurzelt, sondern wir ahnen auch die künftige Möglichkeit, die unbewußte Vollkommenheit des Kindes einmal ganz bewußt wiedererlangen zu können.

Vielleicht ist uns auch wirklich schon ein nicht nur alt, sondern auch weise gewordener Mensch begegnet, dessen innere Größe eines wahrhaft erfüllten Lebens und einer voll ausgereiften Persönlichkeit in solch bewußtgewordenen Kinderaugen sich offenbart: Augen voll unerschütterlicher Ruhe und unendlicher Tiefe, alles durchdringender Klarheit und absoluter Offenheit, festgegründeter Sicherheit und verstehender Güte, aus denen ebenso ein hoher Ernst wie eine aus gelöstem - erlöstem - Herzen stammende Heiterkeit erstrahlt. Hier wurde das *Ziel* des Menschseins erreicht, während Kinderaugen seinen *Ursprung* erkennen lassen. Ursprung und Ziel sind identisch - und dazwischen liegen all die unendlich mannigfaltigen äußeren Erlebnisse und inneren Erfahrungen, die den Werdegang der Menschenseele vom Ursprung zum Ziel ausmachen und sich eben im Augenausdruck spiegeln.

Wie sehr wir alle in unseren mitmenschlichen Beziehungen auf das „Lesen" des Augenausdrucks angewiesen sind, merken wir besonders, wenn wir den Augen eines Menschen *nicht* „begegnen" können: etwa beim „erloschenen" Auge des Blinden oder beim „leeren" Blick des Irren. Darum werden wir es auch immer sehr negativ empfinden, wenn uns jemand nicht ansehen kann bzw. unserem Blick ausweicht. Bezeichnenderweise kann uns das kleine Kind am längsten unverwandt anschauen. Mit zunehmendem Alter wird meist auch der Blick unruhiger und schweifender, so daß es nicht mehr viele Erwachsene gibt, die selbst noch (oder wieder) so fest und ruhig, klar und offen schauen können wie ein Kind, oder die einen solchen Blick auszuhalten imstande sind, ohne ihm auszuweichen (abgesehen von einigen Ausnahmesituationen, wenn etwa zwei Liebende „sich aneinander nicht sattsehen können" oder zwei Todfeinde „sich messen").

Je weniger wir also als Erwachsene uns noch so zu zeigen wagen, wie wir wirklich sind, je undurchsichtiger die „Maske" geworden ist, hinter der wir uns verbergen, desto mehr müssen wir den offenen Blick scheuen, in dem wir uns unweigerlich enthüllen, denn nirgends ist der Mensch so nackt wie in seinen Augen! Darum sagen wir ja zu den Kindern, wenn uns irgend etwas nicht zu stimmen scheint: „Schau mir mal in die Augen". Das sollten wir eigentlich auch zu Erwachsenen sagen können, zumindest aber dürfen wir uns nicht scheuen, ihnen fest in die Augen zu sehen, wenn wir die Wahrhaftigkeit ihrer Aussagen oder die Ehrlichkeit ihrer Absichten prüfen wollen.

Aus diesem Grunde gehört es bei jeder Selbsterfahrungsgruppe zu den ersten und wichtigsten Übungen, sich gegenüberzusitzen und sich dabei wieder so ruhig und unverwandt in die Augen zu sehen wie die Kinder. An den Schwierigkeiten, die viele Menschen dabei haben, wird deutlich, wie weit sie nicht nur von ihrem kindlichen Ursprung sich entfernt haben, sondern auch noch von dem vorhin beschriebenen Entwicklungsziel der gereiften Persönlichkeit entfernt sind.

Überhaupt kann man jede Entwicklungsphase des heranwachsenden Menschen „an den Augen ablesen": Im allgemeinen geht die Entwicklung so vor sich, daß die zuerst noch träumenden, in unergründlich weite Ferne gerichteten Augen des Säuglings eines Tages von irgendeinem realen Gegenstand angezogen werden und so auf der Erde „landen". Der ernste, staunende und fragende Blick ruht dann lange still auf dem unbekannten Ding in einem beobachtenden, prüfenden und forschenden Erkenntnisversuch (der zwar noch nicht verstandesmäßig erfaßt werden kann, wohl aber als unterbewußter Eindruck in der Seele haftenbleibt). Plötzlich huscht ein Lächeln über das Gesichtchen, der fixierende Blick löst sich von seinem Gegenstand, und die Augen beginnen fröhlich zu strahlen, während der ganze kleine Körper sich in lustigem Strampeln entspannt. Da ist tatsächlich ein Stückchen Erde „erobert" worden - und dies bleibt auch weiterhin das Grunderlebnis jedes menschlichen Erkenntnisvorganges: vom Staunen und angespannten Fragen bzw. Forschen zum begreifenden Erfassen und entspannten „Einverleiben“ in den schon vorhandenen Erfahrungsschatz.

Je mehr sich dann das Kind von der Erde erobert hat, je sicherer es auf ihr stehen und gehen und mit all den irdischen Dingen umzugehen gelernt hat, desto fester und zielgerichteter wird auch sein Blick. Das Träumerische macht einer zunehmenden Wachheit Platz, denn das Kind wird sich nun mehr und mehr seiner selbst und seiner Umwelt bewußt. Dadurch ändert sich sein Augenausdruck: Er wird eben „wissender“ im Sinne der Selbstbewußtheit und Lebensklugheit, aber unvermeidlicherweise auch im Sinne von Zweifel, Kritik und Mißtrauen als Folge der vielen bitteren Enttäuschungen und leidvollen Erfahrungen, mit denen das Erwachsenwerden nun einmal verknüpft ist.

Diese negative Komponente wird natürlich besonders deutlich in Fällen von außergewöhnlich schweren Schicksalen. Wer z.B. in der Säuglingsstation eines Kinderkrankenhauses den zutiefst erschütternden Augenausdruck dieser armen Wesen in sich aufnahm, der wird diese uralten, todtraurigen, verzweifelt fragenden Kinderaugen nie mehr vergessen. Ebenso zeigt sich allzufrüh aufgeladene Verantwortung in sozialer Not, Miterlebenmüssen schweren Leides oder gar eigenes Mißhandeltwerden in jenem frühreifen, entweder abgestumpften und hoffnungslosen oder überwachen, ja lauernden Blick, der nicht weniger erschütternd ist, weil da das eigentlich kindgemäße „ruhige Schauen“ und „innere Leuchten“ endgültig verlorenging, ja ins Gegenteil verkehrt wurde.

Insbesondere in bezug auf das Geschlechtliche spiegeln sich Grad und Art des „Aufgeklärtseins“ mit unverkennbarer Deutlichkeit im Augenausdruck, so daß man einem „Halbwüchsigen“ sofort ansehen kann, ob sein Geschlechtsbewußtsein überhaupt schon erwacht ist, ob die geschlechtliche Neugier zur Zeit den bestimmenden Lebensfaktor darstellt oder ob bereits eigene praktische Erfahrungen auf diesem Gebiet gemacht wurden.

Aber auch bei jedem Erwachsenen zeigt sich die Sexualität

so deutlich in den Augen, daß es ein betrübliches Zeichen für die geistige Blindheit vieler Menschen ist, wenn sie dennoch immer wieder „hereinfallen“ oder gar Heiratsschwindlern und „Männerfang“ betreibenden Damen auf den Leim gehen. Wer sich hier ein auch nur einigermaßen feinfühlendes Empfinden bewahrt hat und nicht Hals über Kopf in eine Leidenschaft verrannt ist, der muß doch gerade in den Situationen, in denen man am meisten aus sich herauszugehen und am rückhaltlosesten sich hinzugeben pflegt, besonders deutlich in den Augen des Partners sehen, wie es in Wahrheit um ihn bestellt ist:

Ob bei einer echten, den ganzen Menschen erfüllenden Liebe auch in der körperlichen Umarmung das „überirdische“ Glück und selbstlose Beglückenwollen eines reinen Herzens aus den Augen strahlt oder ob umgekehrt aus der scheinheiligen Maske züchtiger Ehrbarkeit die unterdrückte Begehrlichkeit oder gar versteckte Perversität funkelt. Ob jemand bei noch so stürmischer äußerer Zärtlichkeit doch innerlich kühl und unbeteiligt bleibt oder gar schon Überdruß und Ekel im Unterbewußtsein trägt, ob er dabei nur aus Mitleid oder gar Berechnung handelt, oder ob jemand bei noch so korrekter äußerer Zurückhaltung doch innerlich von Leidenschaft und Gier verzehrt wird, so daß sein ganzes Sinnen und Trachten darauf gerichtet ist, den für eine „Überrumpelung“ günstigen Moment abzuwarten bzw. herbeizuführen, der ihn doch noch ans Ziel der Lustbefriedigung gelangen läßt. Das alles ist so deutlich am Augenausdruck abzulesen, daß man sich - wie gesagt - nur über die in dieser Hinsicht so weit verbreitete Blindheit wundern oder sogar annehmen muß, daß die meisten Menschen eben gerade in dieser Beziehung blind bleiben wollen.

Aber auch jede sonstige Beziehung zu Mitmenschen und Umwelt spiegelt sich im Augenausdruck:

Auf den Grad der Intelligenz und geistigen Wachheit können wir schließen aus einem klaren, scharfen, beobachtenden, fixierenden, konzentrierten, durchdringenden oder umgekehrt unklaren, stumpfen, verschwommenen, schweifenden, abgelenkten, träumerischen Blick. Im engen Zusammenhang damit steht auch die Bedeutung eines offenen, vertrauenden, aufnehmenden, hingebenden, schwärmerischen, verehrenden, andächtigen, verzückten - oder umgekehrt eines zurückhaltenden, verschlossenen, verheimlichenden, abweisenden, nüchternen, kritischen, abfälligen, verachtenden Augenausdrucks.

Willensäußerung und Wirkvermögen kommen zum Ausdruck in einem festen, energischen, emsigen, eigensinnigen, trotzigen, verbissenen, verstockten - oder umgekehrt in einem trägen, schlaffen, schwankenden, unsicheren, nachgiebigen, gutmütigen, apathischen Blick. Ebenso bezieht sich der eindringliche, zudringliche, fordernde, saugende, bohrende, lauernde oder hilflose, besinnliche, fragende, bittende; flehende Blick auf das Wollen und Wirken des Menschen.

Am reichhaltigsten und wandlungsfähigsten ist die Skala des Augenausdrucks in bezug auf Seelenhaltung und Gemütsstimmung, so daß wir hier nur einige besonders auffallende Beispiele herausgreifen können: Der seelische Aufschwung kann sich in einem beschwingten, fröhlichen, schalkhaften, spitzbübischen, lustigen, humorvollen Blick, die seelische Niedergeschlagenheit in einem bedrückten, ernsten, düsteren, grämlichen, traurigen, verhärmten Blick äußern.

Die positive Zuwendung zeigt sich in einem warmen, weichen, freundlichen, verstehenden, ermunternden, gütigen, geduldigen, liebevollen Blick, die negative Ablehnung in einem kalten, harten, feindlichen, verständnislosen, ungeduldigen, unduldsamen, niederdrückenden, lieblosen oder gar haßerfüllten Blick.

Die soziale Beziehung ist am selbstbewußten, überlegenen, überheblichen, arroganten - oder am unselbständigen, unterdrückten, unterwürfigen, kriecherischen Blick zu erkennen. Selbstverständlich verändern auch alle seelisch-geistigen Irrwege, Verfehlungen und krankhaften Entartungen den Augenausdruck, so daß dem Kundigen Grad und Art der Störung oder Entgleisung nicht verheimlicht werden kann. Eine der schwersten und häufigsten seelischen Zeitkrankheiten ist allerdings schon dem Laien offenbar: Die „Angst, davon die Augen sprechen " (wie es im Liede heißt), die tatsächlich so vielen Menschen derart deutlich „im Gesicht geschrieben steht", daß all die müden, trüben, verhangenen, unsteten und friedlosen, gehetzten und gejagten, scheuen, verstörten, gepeinigten, hoffnungslosen und verzweifelten Augen bei jedem empfindenden Menschen ein tiefes Erschrecken und ein noch tieferes Mitgefühl hervorrufen müssen.

Überhaupt wird der Augenausdruck ebenso wie vom Guten natürlich auch vom Bösen geprägt, so daß man ja geradezu vom „bösen Blick" oder vom „Basiliskenblick" spricht. Und eigentlich kann man nur dankbar dafür sein, daß sich das Böse in allen Schattierungen des boshaften, hinterlistigen, verschlagenen, tückischen, stechenden, grausamen, erbarmungslosen, brutalen Blickes so deutlich offenbart, daß jeder Wachsame dadurch gewarnt wird.

Schließlich wird der Augenausdruck noch durch bestimmte Berufe und Lebensumstände geprägt, so daß man den Seemann oder Bergsteiger, den Jäger oder Bauern meist sofort am Auge erkennt. Ebenso spricht man mit Recht vom Blick des Forschers und Gelehrten, des Beamten oder Bediensteten, oder man spricht auch vom „priesterlichen, ärztlichen, künstlerischen, schulmeisterlichen, kaufmännischen, handwerklichen, hausfraulichen" Blick usw. Die Kurzsichtigkeit des „Bücherwurms" oder „Büromenschen" gehört ebenso hierher wie die „Fernsicht" des Piloten oder der „Adlerblick" des Naturburschen.

Damit sei vorerst genug gesagt von dem, was hinsichtlich des Augenausdrucks mitteilbar bzw. lehrbar ist. Gerade weil damit das untrüglichste Merkmal der Menschenkenntnis gegeben ist, sind auch die Varianten so vielfältig und die Feinheiten so subtil, daß man hier praktisch niemals auslernt. Darum sollte man sich gerade dabei am wenigsten aufs Lesen und Studieren verlassen, sondern von vorneherein wissen, daß hier eigentlich alles auf das möglichst unermüdliche und vollständige Befolgen des Grundsatzes ankommt:„ Übung macht den Meister“.

IV. Rückschau und Ausblick

So, nun haben wir's geschafft! Was man von der Menschenkenntnis erlernen kann, wurde zwar kurz und vielfach nur in Andeutungen, aber immerhin vollständig und - wie wir hoffen - in einer übersichtlichen systematischen Ordnung dargestellt. Dabei wird der aufmerksame Leser selbst das einleitend Gesagte mehr und mehr bestätigt gefunden haben: Er wird bemerkt haben, daß immer weniger konkrete, eindeutige und scharf umrissene Angaben gemacht werden konnten, je weiter wir über die allgemeine typologische Beschreibung hinaus in die individuelle charakterologische Kennzeichnung vordrangen, daß also der Bestand des Erlernbaren um so geringer wird, je wesentlicher und bedeutsamer die festzustellenden Merkmale sind. Mit anderen Worten: Je mehr wir uns dem „Eigentlichen", dem Wesensgrund oder Persönlichkeitskern des Menschen nähern, desto mehr tritt die Wissenschaft zurück und kommt die Kunst in den Vordergrund; desto unwichtiger wird das theoretisch Gelernte, dafür um so maßgebender die praktische Erfahrung und Übung.

Bei der Formgesetzlichkeit von Schädelbildung und Gesichtsformen gibt es noch sehr viel zu lernen, aber schon bei den Händen hält sich das theoretisch Mitteilbare und nur noch praktisch Erfahrbare ungefähr die Waage. Und gerade bei den charakteristischsten und untrüglichsten Kennzeichen der Individualität, bei Stimme und Augenausdruck, kann kaum noch etwas „Greifbares" oder gar Meß- und Wägbares wissensmäßig aufgenommen werden. Hier kommt es fast allein auf den feinen Spürsinn und das sichere Fingerspitzengefühl an, die eben nur aus langer Erfahrung und ständiger Übung erwachsen. Gerade im Erfassen des Kerngehaltes von Blick und Stimme besteht also die hohe Kunst der Menschenkenntnis. Wie jede echte Kunst kann man sie zwar praktisch ausüben und im unmittelbaren Vollzug zeigen bzw. miterleben lassen, aber nur sehr schwer theoretisch erklären und überhaupt nicht in rationale Formeln und Lehrsätze zerlegen.

In der verstehenden und erkennenden Begegnung mit der Stimme und den Augen eines Menschen wird daher auch besonders wesentlich, was anfangs über die Notwendigkeit von Selbsterkenntnis und Selbstzucht, Unvoreingenommenheit und intuitiver Schau gesagt wurde: Das Erlernbare kann man zur Not auch ohne diese Erfordernisse lernen, aber um das nur noch Erfahrbare tatsächlich zu erfahren, sind sie unumgänglich notwendig. Der Wesensgehalt von Stimme und Auge erschließt sich daher weder dem bloßen Theoretiker noch dem oberflächlichen Schnüffler, sondern eben nur dem wirklich Gereiften und mit reinem Herzen Forschenden, der „immer strebend sich bemüht".

Um aber den fleißigen Leser, der dieses Buch nun durchstudiert hat, nicht bloß mit einer „Moralpredigt" zu entlassen, wollen wir den gesamten Inhalt nochmals in einer Übersicht zusammenfassen. Diese Übersicht soll es dem um Menschenkenntnis Bemühten ermöglichen, systematisch und folgerichtig vorzugehen und so verhältnismäßig rasch ein gut fundiertes Gesamtbild zu gewinnen, das nicht nur in großen Zügen richtig ist, sondern auch in seinen Einzelheiten stimmt und klar begründet werden kann.

Wenn man in der hier gezeigten Weise vorgeht, wird man sich bei einiger Übung bald in der zunächst verwirrenden Fülle von Eindrücken und Einzelmerkmalen zurechtfinden, wird das Wesentliche vom Unwesentlichen unterscheiden und die „Wertigkeit" eines Merkmals richtig beurteilen können, so daß man schließlich mit immer größerer Sicherheit die allgemeingültigen Regeln den individuellen Erfordernissen gemäß abzuwandeln vermag.

Zunächst wird man also die folgende Tabelle noch öfters nachlesen, ja vielleicht sogar auswendig lernen. Allmählich wird man immer mehr Einzelheiten „schon auf den ersten Blick" sehen und ihren Zusammenhang immer vollständiger erkennen. Und zuletzt werden alle erwähnten Faktoren tatsächlich „in Fleisch und Blut übergegangen" sein: Dann hat dieses Buch seinen Sinn erfüllt und kann getrost beiseite gelegt werden.

Tabelle V

A. Feststellung des Typus

I. Sofortige Feststellungen

1. Polaritäten (siehe Tabelle I)

a

Männlichere Wesensart
Gestalt eckiger, grobknochiger; Gesichtszüge markanter, härter; Bewegungen fester, „zackiger"; Denken und Objektbezogenheit vorherrschend

Weiblichere Wesensart
Gestalt abgerundeter, feingliedriger; Gesichtszüge zarter, weicher; Bewegungen fließender, geschmeidiger; Fühlen und Subjektbezogenheit vorherrschend

b

Mehr introvertiert
schweigsam, zurückhaltend, besinnlich, zögernd, sparsame Bewegungen, „in sich gekehrt"

Mehr extravertiert
gesprächig, gesellig, weltoffen, impulsiv, reichliche und ausgreifende Bewegungen, „aus sich herausgehend"

c

Mehr Theoretiker
betonte Schädelpartie, schmalere Hände, zartere Gestalt, sprachgewandt

Mehr Praktiker
betonte Kinnpartie, breitere Hände, kräftigere Gestalt, lieber zeigend als erklärend

d

Vorwiegend gespannt
gehemmte oder verkrampfte Bewegungen, „gemessene" Haltung, Stirn („Konzentrationspol"), Gesichtszüge (Mundwinkel) und Augenausdruck angespannt

Vorwiegend gelöst
leichte, elastische Bewegungen, lässige Haltung, Gesichtszüge und Augenausdruck entspannt

2. Konstitutionstypus (siehe Tabelle II)

a) Schlankwüchsig
Kopf, Nervenfunktion, Empfindung, Denken vorherrschend

b) Rundwüchsig
Bauch (Rumpf), Blut- und Säftefunktion, Ernährung, Fühlen vorherrschend

c) Stämmig
Brustkasten (Glieder), Muskelfunktion, Bewegung, Wirken vorherrschend

3. Berufstypus (insofern er an besonders auffallenden Merkmalen ohne weiteres erkenntlich ist)

II. Nachfolgende Feststellungen

1. Temperament (siehe Tabelle III)

a) Cholerisch
willensbestimmt, „energiegeladen", impulsiv, aufbrausend, vorwärtstreibend, direkt bzw. gewaltsam führend

b) Sanguinisch
denkbestimmt, intellektuell, reflektierend, allseitig orientiert, beweglich, vermittelnd, indirekt bzw. diplomatisch führend

c) Phlegmatisch
gefühlsbestimmt, empfindlich, emotional, schwankend, um sich selbst kreisend, beschaulich, ausführend aus Scheu vor Veränderung

d) Melancholisch
formbestimmt, festhaltend und gestaltend, beharrlich, gefestigt, arbeitsbesessen, gründlich, ausführend aus Fixierung auf das Gewohnte

2. Charaktertypus (siehe Tabelle IV)

B. Feststellungen der individuellen Eigenart

(Sämtliche angeführten Merkmale können bei einiger Übung sofort festgestellt werden)

1. Erscheinung

a) Kleidung
unauffällig, geschmackvoll, ordentlich, zusammenstimmend – oder das Gegenteil; Schmuck, Frisur, Kopfbedeckung; Abhängigkeit von der Mode, Extravaganzen

b) Gepflegtheit
sauber, gepflegt oder gar „aufgedonnert" - unsauber, ungepflegt oder gar verwahrlost

c) Umgangsformen
höflich, taktvoll, zuvorkommend - oder das Gegenteil; „ungehobelt" oder geziert, rüpelhaft oder affektiert

2. Auftreten

a) Gang

weich, federnd, elastisch, beschwingt, hart, steif, abgehackt, „hölzern", zögernd, schleppend, „leisetretend", forsch, ausgreifend, fest auftretend, kurze, schnelle oder weite, langsame Schritte; „Trippelschritte" (geziert), „Temposchritt" (hastig) oder „Wandervogelschritt" (zügig); Zehen-, Hacken- oder Sohlengang; Füße einwärts oder auswärts, Armbewegungen („schlenkerndes Hinterteil", „Watscheln" usw.)

b) Haltung körperlich

aufrecht:
stramm, straff, steif, angespannt, verkrampft

gebeugt:
gelöst, schlaff, lässig, träge, gebrochen

c) Haltung seelisch

positiv:
warm, aufgeschlossen, freundlich, entgegenkommend, beruhigend, ermutigend, liebevoll, mitreißend, begeisternd

negativ:
kühl, reserviert, feindselig, herausfordernd, aufreizend, abweisend, gehässig, lähmend, niederdrückend

d)Bewegungen

unwillkürliche Ausdrucksbewegungen (Körpersprache):
Was tun die Hände beim ruhigen Sitzen oder Stehen? Mit welchen Gesten wird das Sprechen begleitet? Kopfbewegungen und sonstige Körperbewegungen (Oberkörper, Beine, Knie, Fußstellung usw.)

bewußte Zweckbewegungen:
Geschicklichkeit, Gewandtheit, Körperbeherrschung, Angepaßtheit bei Arbeit, Sport und Spiel

3. Kopfform und Gesichtsproportionen

a) Übergewicht der einzelnen Zonen in Vorderansicht und Profil
„Dreier–Schlüssel“ (siehe Seite 43).

b) Größenverhältnis von Auge - Nase - Mund
(siehe Seite 104).

c) Augen - Mund - Dreieck
(siehe Seite 108).

4. Stirn

a) Höhe
Reichweite des theoretischen Bewußtseins
b) Breite
Fähigkeit der praktischen Verarbeitung
c) Oben
philosophisch-ethisches Bewußtsein
d) Mitte
abstrakt-begriffliches Denken
e) Unten
konkret-gegenständliches Denken
f) Orientierung
(siehe Seite 108).

5. Nase

a) Wurzel
tief = langsame und gründliche Auffassung
flach = rasche und oberflächlichere Auffassung

b) Rücken-Wölbung
Selbstbehauptungstendenz und Persönlichkeitsanspruch (oben)
Egozentrik und Selbstwertgefühl (unten)

c) Spitze
dick = starke bzw. quantitative Genußliebe
spitz = geringe bzw. qualitative Genußliebe

d) Steg
aufsteigend = Optimismus, absteigend = Pessimismus, gerade = Sachlichkeit

e) Breite
Darstellungsfähigkeit

6. Ohren

a) Sitz und Gesamtform
(siehe Seite 111).

b) Größe
Empfänglichkeit und Empfindungskraft, Eindrucks- und Ausdrucksfähigkeit

c) mehr oder weniger abstehend
Grad der vitalen Energie und Impulsivität, des Tatendrangs und Erlebnisdranges

d) Einzelausprägung
„Dreier–Schlüssel" (siehe Seite 117).

7. Mund

a) Größe
persönliche Erlebnis- und Ausdruckskraft

b) Mundwinkel
Lebensgestimmtheit und Augenblicksstimmung (besonders bezeichnend für Unterbewußtes!)

c) Lippen
Feinsinnigkeit (Ästhetik) und Sinnlichkeit (Sexualität)

8. Kinn

Wille: Vorspringend = Durchsetzungsvermögen, fliehend = Willensschwäche, Breite = Ausdauer, Länge = Zielgerichtetheit, „Grübchen" = Labilität

9. Hände

a) Form
Händedruck und Gebärden
primitive, breite, intellektuelle, künstlerische, psychische Hand und Zwischenformen

b) Finger
Länge, Glätte bzw. Knoten, Dreigliederung, Nägel

10. Stimme

Lautstärke und Betonung, Klang und Schwingung, Modulation und „Melodie"

11. Augen

a) Stellung, Lage, Form
eng = konzentrierte Einzelbeobachtung, weit = weitläufige Überschau, tief = „Tiefblick" (Introversion), flach = Oberflächenbetrachtung (Extraversion), klein = enger Gesichtskreis, Realismus, groß = großer Gesichtskreis, Idealismus

b) Blickrichtung und -färbung
„Dreier–Schlüssel" (siehe Seite 159), „Durchlichtungs–Skala" (siehe Seite 159).

c) Augenausdruck
Wachheit, Aufmerksamkeit, Intelligenz; unterbewußte Reaktionen und Impulse, bewußte Absichten und Verhaltensweisen; seelische Verfassung und Gemütsregungen; Sinnlichkeit und Sexualität; moralisches Empfinden; Charakterstruktur und persönlicher Entwicklungsgrad

Nachwort

Nun bleibt nur noch die Frage, was mit der gewonnenen Menschenkenntnis anzufangen ist. Mancher wird auf diese Frage sehr rasch antworten: „Das ist doch klar, ich werde mehr Erfolg im Leben haben, weil ich nun gleich weiß, wen ich vor mir habe, und weil mir keiner mehr so leicht etwas vormachen kann.“ Gewiß, das ist durchaus richtig. Aber es erhebt sich dabei sofort die weitere Frage, was denn überhaupt „Erfolg“ bedeutet. Auch darauf wird mancher sehr rasch antworten: „Selbstverständlich mehr Geld verdienen, Macht über Menschen gewinnen, sich seine Wünsche erfüllen können.“ Bemerkenswerterweise werden die Menschen um so rascher mit dieser Antwort bei der Hand sein, je weniger sie tatsächlich in der erstrebten Weise erfolgreich sind.

Fragt man nämlich Menschen, die wirklich Geld und Macht besitzen und sich viele Wünsche erfüllen können, nach dem Wesen des Erfolges, werden sie erheblich langsamer und nachdenklicher antworten und vielleicht etwas von „Lebenserfüllung, Befriedigung im Lebenswerk, freier Entfaltung der Persönlichkeit“ oder gar vom „Glück des Werteschaffens, der schöpferischen Betätigung und des Helfenkönnens“ sagen.

Beim „Erfolg“ kommt es also in erster Linie darauf an, was sich der einzelne darunter vorstellt, und wir sollten uns daher angewöhnen, bei dem Wort „Erfolg“ stets weiter zu fragen: „Aber was folgt auf den Erfolg?“ Wer seine Menschenkenntnis nur dazu benützt, um Augenblickserfolge eng begrenzter und einseitiger Art zu erzielen, indem er etwa seine Geschäftspartner „einwickelt“ oder andere Menschen „nach seiner Pfeife tanzen läßt“, der wird früher oder später sehr schlechte Erfahrungen machen; er wird entweder auf einen noch „gewiegteren“ bzw. skrupelloseren Menschenkenner stoßen oder aber allmählich auch von seinen Opfern durchschaut. Auf jeden Fall wird er seine Anfangserfolge auf die Dauer nicht fortsetzen können und schwere Rückschläge einstecken müssen.

Es ist daher nicht nur moralisch besser, sondern auch erfahrungsgemäß klüger, die Menschenkenntnis von vornherein nicht auf kurzfristige und einseitige Augenblickserfolge auszurichten, vielmehr sogar eher einmal darauf zu verzichten, dafür aber mit wachsender Sicherheit die Tatsache zu erfahren: je ausgereifter und umfassender, je allseitiger, d.h. den ganzen Menschen und seine Wesensrichtung in sich aufnehmend, und je mehr auf „weite Sicht" eingestellt unsere Menschenkenntnis ist, desto dauerhafter, immer mehr sich steigernd, anstatt nachlassend, wird der damit erzielte innere und äußere Fortschritt sein.

Wir erinnern uns an unsere Ausgangssituation: Auf die Frage, warum wir uns überhaupt um Menschenkenntnis bemühen, hatten wir festgestellt, daß einerseits die Verschiedenheit der Menschen dem gegenseitigen Verstehen große Schwierigkeiten bereitet, andererseits aber dieses Verständnis unbedingt notwendig ist, weil wir alle aufeinander angewiesen, ja vielleicht sogar voneinander abhängig sind. Bessere Menschenkenntnis ist demnach nur dann sinnvoll, wenn sie zu besserem gegenseitigem Verständnis führt, - und dieses wiederum führt dazu, daß wir besser miteinander auskommen. Darum ist derjenige der beste Menschenkenner, der seine Menschenkenntnis am vollkommensten anwendet, indem er dadurch den Umgang mit seinen Mitmenschen reibungsloser und erfreulicher gestaltet.

Quellenwerke und empfehlenswerte Literatur

Allport, Persönlichkeit; Klett

Burger, Das Geheimnis der Persönlichkeit; Burger

Carrel, Der Mensch, das unbekannte Wesen; DVA

Carus, Symbolik der menschlichen Gestalt; Campmann

Dürckheim, Der Mensch im Spiegel der Hand; Barth

Ebertin, Kosmopsychologie; Ebertin

Eckstein, Die Sprache der menschlichen Leibeserscheinung; Barth

Ewald, Temperament und Charakter; Sicker

Frieling, Was ist der Mensch?; Droemer
Gabler, Gesicht-Angesicht-Antlitz; Gabler
Gärtner, Kosmologische Psychologie; Saeculum
Gerling, Der Menschenkenner; Anthropos
Hartmann, Menschenkunde; Klostermann
Heiss, Die Lehre vom Charakter; W. de Gruyter
Hellpach, Deutsche Physiognomik; W. de Gruyter
Hellwig, Charakterologie; Klett
Heyer, Der Organismus der Seele; Reinhardt
Huber, Der Mensch und seine Welt; Huber
Huter, Illustriertes Handbuch der praktischen Menschenkenntnis; Kupfer
Huter, Grundlagen der Menschenkenntnis; Kupfer
Jaensch, Grundfragen des menschlichen Seins; Barth
Jaensch, Studien zur Psychologie menschlicher Typen; Barth
Jung, Psychologische Typen; Rascher
Klages, Grundlagen der Charakterkunde; Bovier
Kretschmer, Körperbau und Charakter; Springer
Kroh, Experimentelle Beiträge zur Typenkunde; Barth
Künkel, F., Einführung in die Charakterkunde; Hirzel
Künkel, H., Die Lebensalter; Lehmann
Künkel, H., Die Sonnenbahn; Diederichs
Lange, Die Sprache des menschl. Antlitzes; Lehmann
Lefos, Gesicht und Charakter; Bertelsmann
Leonhard, Die Ausdruckssprache der Seele; Haug
Lersch, Vom Wesen der Geschlechter; Barth
Lersch, Vom Aufbau der Person; Barth
Lomer, Die Sprache der Hand; Baumgartner
Lüscher, Signale der Persönlichkeit; Rororo
Maler-Sieber, Das Verhalten des Menschen; Bertelsmann
Mangoldt, Das Menschenbild; Barth
Mangoldt, Wer bin ich?; Herder
Müller-Freienfels, Menschenkenntnis und Menschenbehandlung; DVA
Nöthling, Menschenkenntnis im Betrieb; Burger
Pfahler, System der Typenlehren; Barth

Picard, Das Menschengesicht; Delphin
Popitz, Die Symbolik des menschl. Leibes; Hippokrates
Reich, Menschenleben zwischen Herz u. Hirn; Löwen-Verlag
Reich, Das Geheimnis des Tierkreises; Barth
Ring, Der Mensch im Schicksalsfeld; DVA
Ring, Das Sonnensystem ein Organismus; DVA
Rothacker, Die Schichten der Persönlichkeit; Bouvier
Schneider, Person und Charakter; Barth
Sonnet, Lerne Menschen kennen und behandeln; Bauer
Spieth, Der Mensch als Typus; Schwab
Spranger, Lebensformen; Niemeyer
Stein-Böge, Charaktertypen; Marhold
Steiner, Der irdische und der kosmische Mensch; Anthropos
Steiner, Der Impuls zum dreigliedrigen Organismus; Freies Geistesleben
Tumlirz, Anthropologische Psychologie; Junker und Dünnhaupt
Vetter, Natur und Person; Klett
Weininger, Geschlecht und Charakter; Francke
Zimmermann, Menschenkenntnis; Drei Eichen